教える自分もグンと伸びる！

公務員の新人・若手育成の心得

堤 直規 著

KOSHOKUKEN 公職研

はじめに～人を育てれば「楽」になる

「忙しくって、新人に教える余裕なんてありません！」

ある日、職場で若手が、係長に食ってかかっている場面を見ました。

その若手は職場の要。仕事は大変忙しいでしょう。「余裕なんてない」という気持ちもわかります。

しかし一方で、その若手を新人の育成担当者に指名した係長の思いもわかるのです。主任昇任が近いその若手に、「一段上の働き方」を身につけてほしいから指名したと話していたからです。

育成担当者として新人・若手にきちんと向き合えば、その経験はあなたの自治体職員としてのキャリア（仕事と人生の道筋）を左右する大きな財産となります。人育てに取り組む中で、仕事がだんだんとラクに楽しいものになるからです。それが仕事と人生を豊かにしてくれます。逆の言い方をすれば、一人で頑張っているだけでは、仕事は年を経るごとに辛く厳しいものになりがちです。

本書では、忙しい中で新人・若手育成を進めるための実践的なポイントとともに、業務とチームをリードする中堅職員へと、自分らしく自分なりに働けるように成長するためのポイントをご説明します。「頑張っているのに忙しくて苦しい」と思っている若手の皆さんがラクに楽しく働いていくために、「業務はこなせている」と思っているグッドプレイヤーがさらにいきいきと自分らしく活躍していくために、ぜひ本書を役立てていただければと思っています。

本書は、４つの読者に向けて書いています。

１つ目は、初めて新人を指導することとなった若手向けです。はじめての新人指導は大変なもの。しかし、指導を受ける新人にとっても、それは生涯に一度の機会です。新人への指導には「人育て」の基本が詰まっています。本書の第Ⅰ部では「はじめての新人育成12か月」として、1年間の中で自らも成長しながら、育成担当という役割を果たしていくためのポイントを具体的に説明していきます。

２つ目は、指導・育成がうまくいかないと悩む職員向けです。「人育て」はとても難しいもの。ですが、大丈夫。最初からうまくできる人はいません。育成担当者本人の能力は高くても、むしろそれゆえに、新人・若手の指導に手を焼いていたりするものです。第Ⅱ部では、「人育て」を楽しみながら進められるようになるための３つのステップを説明します。「人育て」は義務感やスキルだけではうまくできるようになりません。相手は、自分と違う人生を生きてきた感情を持つ大人。まず「人育て」を楽しめるようになることから始めることが大事です。

３つ目は、指導・育成を受ける新人・若手向けです。指導・育成の中では、それを受ける新人・若手としても自らの課題を理解し、育成担当者の指導等の意図をつかんで、主体的にその効果を高めるようにしていくことが大事です。

残念なことに、新人・若手等の育成の巧拙は、育成担当者によって大きく異なるのが現実です。そのため、指導・育成等を受ける新人・若手としても混乱したり、不満を抱いたりすることが少なくありません。第Ⅰ部の各項の最後のところでは、指導を受ける新人向けのポイントをまとめました。本書を読めば、仮に自分が受けている指導・育成等が不十分な場合でも、そのような中で自分はどうしていけばよいのかを考えるヒントが得られるはずです。

そして、最後に、自治体の将来を担う若手に向けて書きました。20代の後半から30代にかけて、多くの若手が、私が「若手の壁」と呼ぶ高い壁にぶつかります。この時期は、公私ともに大変に忙しいものです。職場では中核業務を担うようになり、仕事はより難しく、量も増えるばかり。一方、結婚・出産・育児等のライフイベントも重なりがちです。若手から中堅へ。この高い壁を越えて業務と職場をリードできる存在に成長できれば、公私の充実とゆとりを手にすることができます。育成担当者としての経験は、そのための大きな財産となります。第Ⅱ部の各項それぞれの最後で「人育て」の中で成長するためのポイントを、終章で「若手の壁」を乗り越えて自分らしくいきいきと働いていくために大事なことをまとめています。

ようこそ「人育て」の世界へ。新人・若手育成は大変で、悩みは尽きません。でも、ダイヤモンドを磨けるのはダイヤモンドだけであるように、人を磨けるのも人だけです。新人・若手を磨いて伸ばすのも人ですが、「人育て」によってこそ自分自身も大いに磨かれます。私たち自治体職員の仕事は、組織と地域において人との関係の中で進めていくものばかりですから、「人育て」の先にこそ、自分らしく自分なりに、元気にいきいきと働ける未来が待っています。「人育て」は「自分磨き」。さあ、本書を片手に、「人育て」の中で自分を磨いていきましょう。毎日の仕事が、もっとラクに楽しくなってきます！

目　次

目次

目　次

序章　脱皮したければ「人育て」に向き合おう

《1》30代を襲う「成長の停滞」

「最近、仕事が面白くなくて……」
「仕事はそれなりにこなしていると思うけど、手応えがないんです……」
そうしたご相談をいくつもいただきました。月刊『ガバナンス』（ぎょうせい）に「30代に贈る！“錆びない”自分磨き」を連載していただいた2018年のことです。

多くの若手が「強い停滞感」を感じているように思います。「仕事が大変だ」という相談なのですが、よく話を聴いていくと、その悩みの正体は「強い停滞感」である場合が少なくありません。

自治体職員は年功序列で給与が上がっていきます。このため、年数を重ねるとともに、大きな役割を果たすことが期待されます。山田直人ら著『部下育成の教科書』（ダイヤモンド社）の説明を借りると、若手は「任された仕事を一つひとつやりきりながら、自分の力を高める段階」である「Player」であるのに対して、中堅は「組織業績と周囲のメンバーを牽引する段階」である「Leading Player」なのです。職場の状況にもよりますが、中堅への節目は30代前半にやってきます。

誤解を恐れずに言えば、若手の仕事は誰でもできるものです。意欲と能力によってスピードや正確さに差が出ますし、担当業務の量も人により違いますが、必要な能力は基本的なものに過ぎません。

一方、中堅の仕事はそうではありません。決まった「答え」はなく、上司等の了解を得て「答え」をつくりあげながら進めていくような困難な仕事が任されます。そのためには通常業務をこなすレベルより一段高い知識・スキル・経験・人脈が不可欠です。特に大事なのは、そうした仕事と役割を面白いと思えるぐらいに、自分の「やる気」（モチベーション＝動機付け）を育てておくことです。義務感も必要ですが、それだけではいきいきと仕事に向き合うことが難しくなってきます。

ダニエル・J・レビンソンは、人生における過渡期の1つとして「30歳前後の過渡期」があり、「アパシー（焦燥感）」「さまよい」「無力感」等の課題に直面するとしました。組織における現実を理解し、家庭においても夫・妻・父・母などの新たな役割が増えていく中で、30歳前後には様々な社会的制約を感じるというのです。その中で先の見えない不安にとらわれてしまう人も出ます。

この時期をどう乗りきるのか。不安と閉塞感にとらわれないために。公私ともに充実した毎日を自分らしく過ごしていくために。最も怖いのは、周囲を見て「仕事ってそういうものさ」と自分に言い聞かせて、ごまかしてしまうことです。それでは、この状況を越えることは永遠にできません。

《2》「がんばる」だけではしのげなくなる

30代の職員を取り巻く状況を、もう少し具体的に押さえていきましょう。

まず、仕事についてです。中堅として、通常業務に加えて困難業務や新規事業の立ち上げ、困難を伴う多角的な調整、既存業務の見直し、トラブル対応等を任されるようになります。仕事は自律的に進めることが求められ、若手のときのような手厚い指導・フォローは受けられなくなるでしょう。

任される仕事は、いずれもそれなりに難しい仕事です。新規事業の立ち上げにしても、多角的な調整にしても、事業の見直しやトラブル対応にしても、求められるのは「問題解決」です。セオリーはあるとしても、マニュアルどおりにやればいい「作業」とはレベルが違います。当然、わからないことばかりですし、多くの場合、相手があることなので、その状況に大きく左右されます。わからないことを自分で調べて考えて、上司等にも自分から相談して同意と協力を取りつけつつ、自ら仕事を動かしていく必要があります。

そんな中で、職場をリードすることも求められてきます。特に、新人・若手指導は負担感が大きな仕事の1つです。「担当業務で忙しいのに」という思いもよくわかりますが、指導・育成を疎かにしていると新人・若手はいつまでも自立できず、フォローに取られる時間がどんどん増えてしまいます。

自分だけでは進められない仕事、わからない仕事が増えるということは、それだけ、わかる人に聞き、できる人の助けを受けながら、仕事を進める必要が増えるということです。そうした支援を受けるためには、上司・先輩・同僚・後輩との信頼関係＝「活力資産」を築いていくことが大切です。

業務に追われる中で「人付き合い」に気が回らなくなると、「活力資産」は次第に痩せ細ってしまいます。その結果、自分で仕事を抱えることになり、仕事がどんどん大変になっていく負のスパイラルに陥ってしまいがちです。その中では、当然、仕事のやりがいも感じにくくなります。

一方、プライベートの状況はどうでしょうか。結婚・出産・育児等により、夫・妻・父・母といった新たな役割が増える人が多いでしょう。子どもの関係でＰＴＡ役員になる等、地域でも役割を担うことになるかもしれません。

それらは喜び・癒しともなりますが、不安のタネにもなります。仕事の忙しさと相まって、ますます時間的・精神的余裕がなくなってしまうことが少なくありません。妻・夫や両親等との良好な関係は、精神的な安定や育児等のフォローにもつながる「活力資産」ですが、忙しい仕事の中でこの大事な関係を良好な形で築き保つことは、今までとは違うレベルの困難を伴います。趣味や交友等に使える時間やお金も、以前のようには自由にならず、生活に潤いがなくなってくる場合も多々あります。

暮らしの中には様々な喜びがありますから、実際にはここまで厳しく悲観的な状況に追い込まれることは少ないでしょう。しかし、ただ自分一人で「がんばる」だけでは苦しくなるばかりで、いずれしのげなくなります。そこのところをよく考えていく必要があります。

《3》「人育て」が大事な3つの理由

新人や後輩に対する指導は、入庁3～5年程度の職員でも、育成担当者やメンター役として任されることがあります。育成担当者としてではなくても、担当業務を一緒に新人等と行う場合には、直接的に業務についての指導をする必要があるでしょう。

若手（Player）として自立する途中の入庁3～5年目の職員にとって、新人・後輩指導は負担感の強い仕事です。中堅となる入庁10年目程度の職員にとっても、課・係の中核業務・困難業務を担いながら新人や若手を指導することは大変なことです。そのため、思うように指導・育成をできない場合が少なくありません。

しかし、3つの点で新人・若手の育成指導は大変重要な仕事です。

第一に、組織のためです。新人を早く戦力化し、若手を業務とチームをリードできる中堅に育てることは、異動や定年退職がある中で業務水準を高めていくために不可欠です。育成できなければ、職場の業務水準は年々低下してしまいます。「人財」は組織の重要な資産であり、「人財」を育てていくことの仕事としての価値は、自治体経営上、多くの職員が考える以上に重要度が高いものです。

第二に、対象である新人・若手のためです。最初から一人で業務を進めることができる人はいません。職員としてひとり立ちして自律的に仕事を進められるようになるためには、上司・先輩からの指導と支援が不可欠です。

新人・若手指導がしっかり行われて、新人が職場に適応して自治体職員としての基礎力を身につけることできるか。若手が基礎力を高めつつ自分の幅を広げて、より幅広い業務を多くの関係者と自律的に進めていけるようになるか。そして、その中で自分の「強み」を見つけ磨いていけるかは、その新人・若手のキャリア（仕事と人生の道筋）を左右する一大事です。育成担当者は、単に仕事のやり方を教える存在ではありません。新人・若手の自治体職員人生を方向づける存在なのです。

第三に、あなた自身のためです。一緒に仕事する新人・若手が成長すれば、あなたはその分、自分の仕事に集中できるようになります。しかし、それ以上に、若手が中堅に脱皮するために、管理職等として必要になる能力を今から身につけるために、新人・若手指導の経験は大きな財産となります。教えることは、知識やスキルを磨き直し、一段上の働き方を身につけることにつながるからです。

若手と中堅では求められる役割が大きく違い、大きな壁があります。経験年数を経れば、自然と中堅らしい能力が身につく訳ではありません。「若手の壁」を意識して、それを乗り越える努力を何年も重ねていく必要があります。

与えられた仕事をこなすだけでは「若手の壁」は気づきにくいものです。仕事が何だか辛い、大変になってきたという感覚は、若手から中堅に役割が移行する中でのシグナルです。第Ⅱ部で述べるように、新人・若手育成は中堅として脱皮するための絶好の機会となります。

《4》「人育て」で得られる3つの力

本書では、第Ⅰ部で新人育成の1年間、第Ⅱ部で「人育て」を楽しく進めるための段階的な磨き方を説明していきます。

新人・若手育成の具体的な話に入る前に、「人育て」の中で得られる3つの力と、それが皆さんの自治体職員人生にどんな意味を持つのかということに、簡単に触れておきます。

1つ目は、ポータブルスキルの向上です。「ポータブル」という言葉のとおり、厚生労働省の資料では業種や職種が変わっても通用する「持ち運び可能」な能力のことです。「専門知識・技術」「仕事のし方」「人との関わり方」の3つから成るとされますが、私たち自治体職員にとっては、異動しても、役割が変化する中でも通用する力ということになります。

新人・若手の育成に向かい合えば、自治体職員として役職や経験年数に応じて、どのような知識・スキルを身につけなければいけないのかということを考えざるをえなくなります。教えることによって、それらの知識・能力も確かなものになります。その結果、あなたのスキルは大きく向上します。

2つ目は、マネジメント能力の向上です。「人育て」に取り組む中で、あなたのマネジメント能力は格段に進歩します。私の経験でも、主任のときは2時間、係長のときは5時間近くをメンバーへの関与に費やすことになりました。自分の担当業務と新人・若手育成を両立させるためには、自分の仕事をそれまでの倍近いスピードで進めて、より確実に成果につなげていく力が求められます。

特に重要なのは「任せる力」が磨かれるということです。新人・若手がその業務をひとり立ちしてこなしていけるようになるためには、その仕事を最初から最後まで「任せ・きる」ことが不可欠です。付きっきりで見ている時間はなく、それでは新人・若手も自信を得ることができません。指導育成の中で「任せる力」は磨かれて、あなたが管理職等として働くときの大きな力となるでしょう。

3つ目は、キャリア（仕事と人生）を主体的に築く力の獲得です。自治体職員には、必ずしも希望どおりとはならない幅広い分野への異動があります。このため、自分らしく働いていくためには、他の職業以上に自分の働く意味を理解して強みを磨くとともに、環境が変化する中での適応力を高めていくことが大切です。

新人・若手育成に向き合う中で、皆さんも、きっとなぜ自分が働くのか、自分の強みは何かを改めて自問自答することでしょう。それは、自分が目指す／向いている分野は何なのかを考えて、それを確かめ、磨きながら、主体的に考えて選択していくことにつながっていきます。特に、この経験の有無は、マネージャとしてチームで成果を出す役割を負うか、エキスパートとしてある分野の第一人者となるかという大きな岐路に備える上で、とても役立ちます。

新人・若手育成に向き合うことは、皆さんの将来を豊かなものにする3つの大きな力を手にすることにつながるのです。

第Ⅰ部

はじめての新人育成12か月

【4月】新人育成は「3億円」仕事！

入庁したときに面倒をみてくれた先輩・上司のことを、皆さんは覚えていますか？新人職員にとって、新人育成担当の先輩は生涯たった一人の特別な存在。職員としての働き方全般にわたって、大きな影響を受けます。一方、指導に当たる若手職員にとっても、特別な意味を持ちます。下との上下関係に本格的に関わる初めての機会であり、その後への大きな財産となるからです。

若い頃に、尊敬する大先輩のYさんに言われた言葉を今でもよく覚えています。

「職員採用は、ひとくちに『3億円の買い物』と言われる。しかし、それは自治体が支払う生涯賃金の総額であって、新人がそれに見合う価値ある仕事を初めからできるわけではない。

そうした『人材』を、本当に『3億円』以上の価値ある仕事をする『人財』に育てていく、新人育成はその大事な第一歩なんだ。すべての仕事の中で最も重要な業務だと思って、できる限りのことをやるといい。それによって、君自身も『人財』に近づくことができるのだから」。そう言われました。

今はかつてと比べて給与や退職手当も下がり、生涯賃金は「3億円」もないかも知れません。しかし、求められる仕事の価値はむしろ上がり、ますます新人育成は大切になっています。

新人育成担当の大きなメリット

新人育成の意義はわかる。自分自身の成長機会であることもわかる。だけど、自分もようやく担当業務をこなせるようになったところで、精一杯。今は業務に打ち込みたいし、新人相手なんて勘弁してほしい。そんな相談を若手から受けることがあります。私も最初は同じように思いました。多くの若手職員が感じる本音かもしれません。

後年になれば、新人育成担当となる機会を持てたことがどれだけ役立つか、身に染みてわかるものですけれど、やる前はわからないでしょう。なので、ズバリ言うと３つのメリットがあります。

１つ目は、自分の自治体職員としての心構え・知識・スキルの棚卸しになることです。自分では業務をこなせていたつもりでも、指導するとなると、理解が浅い知識や身についていないスキルは自分でも驚くぐらい不確かに感じられるものです。自分の実力を見つめ直す絶好の機会となります。

２つ目は、それにより、学び直しの機会を持てることです。不確かな知識・スキルのままでは、とても教えられません。改めて勉強して身につけざるをえなくなりますが、これによって若手職員としての自分の実力が確かなものになります。

３つ目は、より重要な業務に集中できるということです。自分の担当業務を引き継げれば、別の業務に集中し、もう一段上の業務を担当する機会を得ることができます。

つまり、その実力を固めてもう一段上の仕事を任される、中堅職員へのステップアップの機会を自らつくり出していけることが大きなメリットです。

主任職等の中堅職員には、自分の担当業務をこなすだけでなく、チームで成果を出す中核となることを期待されます。その中では、若手職員・中堅職員を指導しなくてはいけないときが来ます。若手職員・中堅職員はこれまでに培ってきた経験と自負がありますから、一筋縄ではいきません。

そのとき、新人育成に真正面から取り組んだか否かが、大きな違いとなってきます。

よき「伴走者」として「３Ｄ新人育成」を

新人育成では、新入職員に対して、育成担当者はどのように接したらいいでしょうか。

私は若手から相談があると、目指すのは、「教師」ではなく、よき「伴走者」だとアドバイスしています。新人とはレベルは違っても一緒に学び成長する若手。自分が前に通った道を、新人がはじめて走るのを助け、励ましていくことが役割です。

決して、自分一人で教えるのだと気負わないことです。いかに優秀な若手であっても、最初は業務と新人育成の両立は大変なものです。特定の部分の指導を、上司・先輩にお願いすることも必要になります。上司・先輩とよく相談し、他の新人育成担当と情報交換して、自らもレベルアップしながら指導に当たるつもりでやりましょう。

たまに、職場での新人育成、つまり、ＯＪＴ（On the Job Traning）は、担当業務のやり方を教えることだと思っている人がいます。確かにそれも不可欠ですが、それだけでは、1年後、その新人は教えられた業務しかできない職員になってしまいます。

新人段階を卒業した後も、若手・中堅として自らを高めて活躍していく「人財」となるための基礎づくり、それが新人育成の眼目です。そのためには、①業務のやり方を中核に、②自治体職員としての基礎的なマナー、③基本スキルの３つの次元での指導・育成が必要になります。私はこれを、「３Ｄ新人育成」と呼んでいます。

自治体職員は幅広い人たちのために幅広い人たちの協力を得ながら仕事し、異動の中でステップアップしていく職業ですから、②③が不可欠です。

よき「伴走者」として、「３Ｄ新人育成」を進め、その中で自分自身も「人財」として成長していく。そうした実りある新人育成を行うためには５つのポイントがあります。

① 成功するＯＪＴの土台づくり
② 失敗しないＯＪＴの進め方
③ 意欲・理解を高める指導のコツ
④ 業務以外で教えるべきこと
⑤ 「錆びない」若手の育て方

見かけは同じような指導でも、ＯＪＴの土台ができていないと、効果はあがりません。

新人育成は、誰にとっても難しい仕事です。わかっているだけではできず、苦労しなければ身につきません。しかし、培われてきたセオリーがありますし、その先には、一段レベルアップした中堅としての自分が待っています。苦労した甲斐は必ずあります。ぜひ1年間、頑張ってみてください。

ところで、「すぐにも新人は配属されるのだから、まず読むべき一冊を知りたい」という質問をよくいただきます。私のおススメは押元洋編著『これでうまくいく！新人公務員の育て方』（学陽書房）です。読みやすい構成で、自治体現場での具体的な事例による説明があり、とてもわかりやすいです。シーン別・職員のタイプ別の指導のポイントもまとめられていて、参考になります。

《実務上のポイント》温かく迎え入れる／使命を伝える

新人にとって、職場に受け入れられるかが最初の関門です。机や椅子はもちろん、文具類や参考図書などをきちんと用意して、明るい雰囲気で新人を迎え入れましょう。

新人の最初の1週間のスケジュール表を用意しておくと新人も安心です。挨拶回り、業務説明、事務引継ぎ等の予定と担当者を記載しておきます。最初の1週間のうちに、文書、電子ファイル、消耗品の保管場所など、日常業務に必要な知識を教えていきます。

特に大事なことは、課・係の使命をしっかりと伝えること。この仕事にはどんな役割があり、仕事を通してどんな能力等が身につくのか。そうしたことを最初に伝えておきましょう。新人が受けるリアリティショック（期待と現実との落差）を緩和して、よいスタートを切っていくために役立ちます。

新人の皆さんへ　名前を覚えて自分から挨拶する

職場に馴染めるか、仕事への期待と現実の落差が最初の関門とされます。まずは課・係のメンバー全員の顔と名前と担当業務を覚え、自分から挨拶するところから始めましょう。それが職場に早く受け入れられることにつながります。

月並みなアドバイスで恐縮ですが、20分早く出勤できると、周囲の状況を見ながら余裕を持って1日の仕事を始めることができます。また、そんな皆さんの努力を職場の先輩たちも見ています。

【5月】「信頼せねば、人は実らず」

5月となりました。皆さんの下に配属された新人さんも、職場に少しなじみ、仕事を1つひとつ覚え始めているところでしょうか？

今回の主題は、成功する新人育成の①土台、②ゴール、③道筋についてです。人を育てるとは、そもそもどういうことなのか、ということから考えていきましょう。

山本五十六の言葉

人を指導する、育てる際の心得は何かと聞かれたら、山本五十六の「やってみて、言って聞かせて、させてみて、ほめてやらねば人は動かじ」を挙げる人が多いのではないでしょうか。

でも、この言葉には続きがあることをご存知ですか。全文は次のとおりです。

やってみて、言って聞かせて、させてみて、ほめてやらねば人は動かじ。

話し合い、耳を傾け、承認し、任せてやらねば、人は育たず。

やっている、姿を感謝で見守って、信頼せねば、人は実らず。

「ほめてやらねば人は動かじ」は大事なことですが、人を動かすための方法に過ぎません。人を育てるためには、まず話し合い、最後には任せる必要がある。そして、信頼しなければ育成は成功しない。山本五十六はそう指摘していることを忘れないでください。

ラポール（信頼関係）を築く

では、どのように信頼を築くか。そのカギが「ラポール」です。「互いに親しい感情が通い合う状態。打ちとけて話ができる関係」という意味の心理学の用語です。自分が気を許していない相手から何を言われても、心に響かないものです。信頼していない相手には、誰しも本音を言いません。指導の前に、まず「ラポールを築く」ことが不可欠です。「ラポール」を「築く」と表現されるとおり、1つひとつ行為を積み上げることによって、次第に「感情が通い合う状態」がつくられていきます。

専門的には、相手の話し方等に合わせるバックトラッキング（オウム返し）、ミラーリング（姿勢や身振りを合わせる）、ペーシング（声のトーンや話す速度を合わせる）等のスキルがあります。

しかし、本当に大切なものはそうしたスキルではありません。自分から相手を信じること。興味を持ち、期待し、よく話しよく聴くことです。時間を取って面談するのも1つの方法です。その中で、自分が信じられるに値する存在であることを示すことが大事です。約束し、約束を守ることです。

このために役立つのが「ＯＪＴルール」です。①指導方針（私はこんな考えで指導します）、②約束事（お互いに守るべきこと）、③報連相のルール（こんなときは速やかに報告・相談しよう）といったことを話し合い、書いて、お互いの約束とします。

たとえば、①では、「目的・根拠を明確にする」、「失敗から学ぶことを重視する」、「ルール違反は厳しく指導する」等、大事だと考えることは何で、どんな場合に注意するのかを、あらかじめ示して確認しておきます。後出しはダメです。

ゴールとＯＪＴ計画を共有する

皆さんは新人時代、指導を受けるに当たって①目的、②ゴール、③その道筋（ＯＪＴ計画）を示されましたでしょうか。そして、話し合い、納得・実感を持てたでしょうか。

残念ながら、そうした例は少ないのが現実です。皆さんを指導した先輩方も、そうした指導を受けていないので、習うより慣れろだ、ＯＪＴとはそういうものだと思っていたことでしょう。

しかし、ＯＪＴの結果、自分はどうなるのか。できなければ何に困るのか。それもわからずに意欲的に取り組めと言われても難しいものです。まして、近年の新人育成では、以前よりも早く、より高いレベルの業務をできるように指導・育成することが求められています。

新人育成の目的は、若手・中堅として活躍していく「人財」となるための基礎づくり。そのゴールは、新人状態の卒業です。つまり、①自治体職員としての基本的なマナーとスキルを備え、②基本的な業務を自ら処理していけるようになり、③その上の業務を自ら学びながらできるようになっていく基礎を、この1年間で築くことです。

この目的を説明し、ゴールとして、身につけるべき姿勢・知識・技術を具体的に設定して、そこに至る道筋（ＯＪＴ計画）を説明して話し合います。手がかかるようですが、これをやっているか、いないかで、新人の主体性が大きく違ってきます。

また、ゴールとＯＪＴ計画は、上司・職場に見てもらい、理解・協力を得ておきましょう。

ＯＪＴ計画づくりのポイント

かつて私が所属した職場では、ＯＪＴ計画はなく、新人には来客や時々の業務の中でＯＪＴをしていました。この結果どうなったかというと、教える機会がなかったスキルが引き継がれず、職場全体で廃れてしまっていたのです。

こうならないためには、何を、いつ、どのように指導し、経験させることが大事かを考え、ＯＪＴ計画を立てることが不可欠です。まず、①業務のやり方、②自治体職員としての基礎的な心構え、③ＯＪＴ基本スキルの３つの次元で指導項目を洗い出します。そして、その優先順位を立て、それらを学ぶ機会を計画します。ポイントは、できる限り実務で経験できる機会を想定しておくことです。教えることと経験することはセットです。経験しなければ身につきません。

計画づくりに際しては、新人が「どんな自治体職員になりたいと考えているか？」「自分は何ができると思っているのか」を聞いて、織り込んでいきましょう。職場から「求められること」に、新人の「したいこと」「できること」を織り込むことで、新人にとっても取り組む意味が感じられる「自分ごと」のＯＪＴとなります。「お仕着せ」のＯＪＴでは、新人としても、身が入りません。山本五十六も、「話し合い」と言ってます。新人の主体性につながります。

それぞれの指導項目は、①概要の説明（目的・根拠及び全体像）、②やり方の指導、③任せて・みる、④任せ・きるの４段階を経て、修了となります。①②ばかりのＯＪＴが多いですが、④まで経験させないと、自分の業務として自信を持って担うところまで行きません。「任せ・きる」については【11月】の項で詳しく説明しますが、その前提として①の中で業務の目的や背景をしっかり伝えておくことが大切です。

なお、OJT計画づくりは、先輩・同期が立てた計画を見せてもらい、どんどんマネするのがコツです。参考文献としては、一般企業向けながら、㈱ナビゲートの『OJT実践ノート』が実務で役立つポイントがまとめられていて便利です。

《実務上のポイント》　必ず計画を立てる

OJTでは計画が不可欠です。その場その場で指導しようとすると、場当たり的になり、教える内容に抜け漏れやバラつきが出てしまいます。教わる側も準備ができません。担当業務を一人で担うために2年目の職員として知っておくべきことを洗い出して、1年間のどこで教えるかをスケジュール化しましょう。以前のOJT計画をブラッシュアップしていくことで、職場のOJTレベルも向上していきます。

新人の皆さんへ　計画がなければ自分でつくる

残念なことですが、OJT計画がない／示されない場合が少なくありません。その場合には、育成担当者・先輩に聴きながら、自分でつくってしまいましょう。①1年間で身につけるべき知識とスキルと、②それを何月に身につけるとよいのかをまとめ、職場で共有していくとよいです。スケジュールを「見える化」できると、心の準備ができ、いま学ぶことに集中できます。

【6月】明るい挨拶は一生の武器

6月となりました。新入職員研修も一段落、皆さんの下に配属された新人さんも、業務に励む毎日だと思います。次の段階に向かう前の時期に、基礎を徹底しておくことが大事です。

マナーこそ当初から職場で指導を

新人育成では、①業務のやり方を中核に、②自治体職員としての基礎的なマナー、③基本スキルの3つの次元での指導・育成が必要になります。私は、これを「3D新人育成」と呼んでいます。

6月は職場にも慣れ、いくつかの事務処理も自分でできるようになる頃。この時期に②自治体職員としての基礎的なマナーをしっかり確認しておかないと、後で指導しても効果が薄くなります。

以前、「マナーなんてものは、大人なら身についているものだ。指導なんて必要ない」と言っていた管理職がいました。しかし、そういう人に限って、陰では「挨拶もできない」と評されています。

社会人にとってマナーは、年齢も性別も職業も地位も違う人たちが、その違いの中で気持ちよく仕事を進めるための潤滑油です。自治体職員は、幅広い人たちのために幅広い人たちの協力を得て仕事をする職業。民間の方々以上に、私たち自治体職員はマナーに気をつける必要があります。

そして、マナーは、場面に応じた応用が自然にできるように身につけてはじめて役立つものです。職場での場面に即した指導が不可欠です。

マナーを身につけることは、学生から自治体職員へのステップアップの通過儀礼でもあります。社会人として、自治体の成員として、多くの関係者とコミュニケーションを取って円滑に仕事を進めることの大切さと、そのために何が必要かを、マナーを学ぶことを通じて理解させてあげてください。

「いい挨拶」とその効用は？

自治体職員は、挨拶がとても大事です。

もちろん、どんな職業でも挨拶は大事です。しかし、自治体職員ほどきちんとした挨拶が必要な職業はありません。それは、なぜでしょうか？

①職業柄、礼儀正しいものと思われているから。

②様々な人たちと仕事をする職業だから。

③自治体職員を否定的に見ている人がいるから。

このすべてが正解です。自治体職員は民間企業と違ってお客を選べません。人との関係は挨拶に始まり挨拶に終わるのですから、「よい挨拶」を武器にできることが大事です。

「よい挨拶」とは、「○○さん、おはようございます！」と①誰にでも②自分から、③名前を呼んで④笑顔で⑤明るい声で挨拶することです。歳をとっても役職が上がっても同じです。

「よい挨拶」ばかりは、いつも範を示すことでしか教えられません。指導する側こそ、自分から新人さんの名前を呼んで笑顔で挨拶することが大事です。私は、新人時代に課長だった○さんの明るく元気な挨拶が耳の奥に残っていて、今も手本になっています。

出勤時の「おはようございます」だけでなく、他の職場に入るときの「失礼します」、他の自治体や業者の方への「お世話になっております」、退庁時の「お先に失礼します」等、しっかり新人の目と耳に残る手本を見せてあげてください。

ホウレンソウ（報連相）、特に伝言の仕方

報告・連絡・相談は業務におけるコミュニケーションの基本。しっかり教えておきたいところです。ポイントは、手本を見せることとメモです。

まずは、伝言の仕方から教えていきます。「○○市○○課の○○さん（電話○○○）から電話あり。用件は○○について。折り返し電話が欲しいとのこと。○月○日○時○分　○○受」と、①相手の役職・氏名、②連絡先、③要件、④必要なリアクション、⑤受けた日時、⑥受けた者の氏名をメモにして、伝えるように指導しましょう。②④があればすぐにリアクションが取れ、③があれば緊急か否か優先順位を判断できます。

報告・相談の仕方についても、早い内に①結論、②理由、③選択肢、④背景の順で言うべきことを教え、あなたが行う報告・相談を見せておきます。

具体的には、「係長、ご相談があります。指示された○月○日の会議の会場予約ですが、第一会議室でよろしいでしょうか。第二会議室は取れませんでした。参加者が○人なので、第三会議室では狭すぎると考えます」のように、まず報告・連絡・相談のどれかを示し、それから結論・理由の順に話すように指導するとよいです。

市販のガイドを活用した指導がおススメ

その他、社会人として身につけておくべきビジネスマナーも、早めに学ばせましょう。忙しい中でのマナーの指導には、市販のガイドを活用するのがおススメです。新人にプレゼントして読ませ、ポイントが理解できているかを聞いて確認し、実際の場面で実地で指導するとよいです。おススメは山田千穂子著『ビジネスマナーの「なんで?」がわかる本』(講談社＋α文庫)です。新人の疑問にズバリ答えてくれ、冒頭に四コマ漫画もあって読みやすいです。知らない方からの電話にもなぜ「お世話になっております」と言うのか、ちゃんと新人に理解させているでしょうか。

この他、整理整頓、「5分前の5分前」行動(10分前行動)、初期・中間段階での方向性確認等も、仕事を円滑に進めるコツとして教えておきたいところです。また、名刺交換の作法をしっかり教え、練習させてください。受け取り方、渡し方、場が終わるまでは仕舞わないこと、帰庁したらすぐにお礼のメールを出すこと等です。名刺を持つことは、新人に職場の一員と自覚させる効果もあります。

《実務上のポイント》　応対の指導はしっかりと

窓口や電話の応対は、ざっとやり方を説明したら任せてしまっていませんか?　それでは電話・窓口対応は大事な仕事ではないと教えたのと同じことです。

窓口も電話も、①その意味を教える、②基本のやり方を教える、③まずい例と理由を教える、④あなたがやるのを隣で見てもらう、⑤ロールプレイで練習する、⑥あなたが隣にいてフォローできる状態でやらせてみる、⑦任せる、という手順を踏みます。

まず、窓口・電話応対は、相手にとって自治体を代表するものであり、その対応が自治体の印象となるという意味から伝えます。その上で、②やり方と③ダメな例とその理由を教え、④手本を見せます。そして、⑤練習ではよいところをほめて新人が少し自信を持ったところで、⑥実地練習に入り、8割方できるようになったところで⑦任せるとよいです。

任せてもしばらくは、困ったことはなかったか等を聞き、気づいた点をフィードバックしましょう。キツイ表情、早口、暗い声、腕組み、足を組む、貧乏ゆすり等は、すぐにその場で注意して改めさせることです。

新人の皆さんへ　礼儀正しさは最強の武器

マナーは、この6月ぐらいまでにしっかりと身につけるとよいです。後からでは教えてもらえず、陰で笑いものにされるだけです。私は、それで恥をかきました。

キングスレイ・ウォード著『ビジネスマンの父より息子への30通の手紙』（新潮文庫）には、「礼儀正しさに勝る攻撃力はない」と書かれています。いずれ、皆さんも困難な調整等を進めなければならないときがくるでしょう。そのとき、マナーをきちんと身につけているか否かが大きな差となってきます。よく言われる陰口の1つは「あいつは礼儀も知らない」なのですから。

品行方正で礼儀正しいと評判を得られれば、誹謗中傷も怖くありません。そうした人物への嫌がらせは、やった側の方が大きなダメージを受けてしまうからです。

【7月】失敗するＯＪＴ　５つのパターン

7月となりました。新人育成を始めて3か月。ＯＪＴも進んできたところだと思います。今回は、ＯＪＴを成功させるために必要なポイントについて考えていきます。

失敗するＯＪＴの５つのパターン

ＯＪＴは、なかなか思うようにはいきません。しかし、私の経験では、ＯＪＴがうまくいかないのは次の５つのパターンのどれかである場合がほとんどです。

①新人が職場になじめていない。
②新人が指導したとおりにやらない。
③必要なことを教えきれていない。
④何度指導してもできるようにならない。
⑤新人が指示待ちで自分から動かない。

前項までに説明したことができれば、①②③は防ぐことができます。

①には職場の雰囲気と本人の協調性という2つの側面があります。前者にはＯＪＴ計画の職場での話し合いが、後者にはマナーを学ばせることが役立ちます。②は新人が育成担当者を信頼していない、指導育成の目的や方法に納得していない場合に起きます。ラポールを築き、ＯＪＴ計画を立てて

話し合うことが大切です。③は指導が場当たり的であったり、指導時間の確保が不十分なために起きます。前者はＯＪＴ計画を立てて進行管理することによって解決します。後者は次項の【8月】のところで詳しく説明しますが、業務と指導の両立を図ることで改善されます。

④⑤は指導方法と指導力の問題です。１つずつ考えていきましょう。

「ＯＪＴの４段階」

あなたが2回指導しても新人ができるようにならないとしたら、自分の指導方法を見直してみましょう。まず、うまくいかない原因の多くは指導側にあると考えて点検することが大事です。

（Ａ）教える内容が大ざっぱ過ぎる、（Ｂ）教えた内容を新人が理解できていないままやらせている、（Ｃ）うまくできなかった理由を本人に気づかせていない…のいずれかに該当していませんか。

（Ａ）への対策は、スモールステップ化です。教える内容を新人が理解できる範囲に分解して、それを一つひとつ教えていくようにします。

（Ｂ）は、この3つのパターンで最も多いものです。東京都主税局の藤井朗さんは、その著書『地方税の徴収担当になったら読む本』（学陽書房）の中で「職場内研修（ＯＪＴ）は、①説明する、②やって見せる、③理解度を確認する、④やってもらうの４段階方式を採用すべき」としています。一般的にＯＪＴは①②④の3段階ですが、③を入れて４段階とすることで確かなものとなります。

その上で（Ｃ）対策です。よくできている部分、できていない部分はその場で指摘し、その後で必ず時間を取って振り返ります。振り返りのポイントは、後述します。

振り返りで「観る力」を磨く

指導・育成に必要な能力は何でしょうか。

押元洋編著『これでうまくいく！新人公務員の育て方』（学陽書房）では、指導・育成に必要な基本的な能力を指導・育成の「５力」と呼び、①観る力、②教える力、③任せる力、④ほめる力、⑤叱る力の５つとしています。

大事なのはこの５つの力の順番です。「観る力」が一番目です。教える、任せる、ほめる、叱るが効果を発揮するためには、状況に合っていることが不可欠だからです。

観察のコツは、小さな変化を見逃さないことです。最初は見て取るのはなかなか難しいので、振り返りの時間を頻繁に持つことで「観る力」を磨きます。ＯＪＴ計画シートに実施年月日と評価の欄を設け、指導を実施する度に記入していきます。フィードバックは早い方が効果が高まるので、当初は毎日振り返りの時間を持つぐらいが必要です。

何ができているか／できていないか、どこに自信／不安があるかを問いかけながら話し合いましょう。新人が自ら振り返れるようになってきたら、頻度は週１～２回ぐらいにしていきます。

「わかりやすい説明」と2つの「任せ方」

②教える力で大事なのは、何よりわかりやすい説明をすることです。

頭の中で整理されやすいように、簡潔に順序よく話すこと。一文は短く、全体像から入って、一時に一事ずつ、具体的に説明していきましょう。言葉だけでなく、流れをフロー図で示す等「見える化」するとよいです。

③任せる力では、「任せて・みる」と「任せ・きる」の２つの任せ方を区別します。９月までの新人育成の前半戦では、先ほどの「ＯＪＴの４段階」のとおり、任せつつも任せきらずに指導していく「任せて・みる」が中心となります。

しかし、新人がひとり立ちするには、自分自身で「やりきる」経験が不可欠です。そのためには、その業務を最初から終わりまでを「任せ・きる」必要があります。前半戦でいくつかの業務を「任せて・みる」。その中から1つの業務について、後半戦で最初から「任せ・きる」。その流れをつくっていくことを前半戦から意識しておいてください。詳しくは【10月】の項で説明します。

「ほめ方」と「叱り方」のポイント

若手の皆さんを見ていると、ほめるのはうまい人が多いです。①その場で②人前で③具体的に、④努力もほめ、⑤他の人がほめていたことも伝えていく、というのがよいほめ方です。

それに比べて叱るのは苦手という人が少なくありません。私も難しいと日々感じていますが、①人目のないところで直接に、②相手の言い分を受け止めてから、③事実に基づいて④そのことだけを叱り、⑤期待を示すことがポイントです。逃げは禁物。正面からそのことだけを叱りましょう。

大事なことは相手に向き合うことです。皆さんも、上司・先輩の指導が口先だけであるときは、すぐにわかるものですよね。新人も、すぐにそれは見抜きます。内容は率直に、しかし言い方や場所に配慮するのが鉄則です。

直接にほめる時間がないときは、「いいね！」をメモで伝えるのも印象に残るのでおススメです。

《実務上のポイント》　ほめる／叱る基準を示す

ほめる／叱ることが育成につながるためには、何をどう評価してほめ、何を許さずに叱るのか、その考え方と基準をあらかじめよく説明しておくことが大事です。

もし、最初に説明したことが不十分だった場合には、率直に不十分だったことは認めた上で、改めてしっかりと説明しましょう。その行き違いが信頼関係を損ない、指導・育成を難しくしてしまう場合が多いです。

なお、叱ることから逃げてはいけません。ほめるのはみんなにほめてもらえばいいですが、叱ることは育成担当者しかできない場合が多くあり、その場で叱らないと効果がないためです。

新人の皆さんへ　自省を習慣にする

育成担当の先輩の中にはあまりほめてくれない人もいます。ミスが続いて自信を失うこともあるかもしれません。でも、最初からすべてができる人はいません。

一番大事なことは、そこから学んで次にできるようになること。何ができるようになったかを自省できることが不可欠です。失敗したとしても、できている部分は必ずあるはず。自分自身をほめて叱ってあげてくださいね。

【8月】悲鳴続出？ 業務と育成、両立のツボ

8月、新人育成も中盤です。ＯＪＴが進み、任せてみる仕事も増えてきたところでしょうか？ しかし、担当業務も本格化し、夏休みも取得しなければなりません。「忙しい！ 業務と育成が両立できない」という悲鳴が聞こえてきます。両立のツボは何か、考えていきましょう。

時間がない！ 新人育成担当の悩み

「新人にかまっている暇なんてない」

こんな声を若手からよく聞きます。かつて、私もそう思いました。

新人育成を担当すると、こんなに忙しくなるのはなぜでしょうか。単純なことです。担当業務にかけられる時間が大幅に減少するからです。

就業時間の前後も含めて1日8時間働くとして、そのうち2時間を新人育成に使うとすれば、以前と比べて1・33倍のスピードで業務を処理できなければ、残業が増えるのは当然です。新人への指導に付きっきりとなる日もあるでしょう。「担当業務の倍速処理」を目指して、自分の仕事の進め方をレベルアップさせることが必要なのです。

なお、冒頭の「暇がない」という言葉には、悪気はなくても「新人育成はオマケの仕事」という思いが見え隠れします。それで何とかなるほど業務と育成の両立は甘くありません。

「担当業務の倍速処理」は大変です。しかし、部下を持ち、決裁や指導を行う主任や係長となれば必ず必要になることです。大きな武器を手に入れる貴重な機会だと考えてみてください。

目指せ！　担当業務の倍速処理

「担当業務の倍速処理」を目指すためには、何に気をつければいいでしょうか。

まず、考えておきたいのは次の３点です。

①トラブルとミスを防止する。

②段取りを整え、タスクを管理する。

③着手を早くする。

私の経験では、トラブルが起きれば10倍、ミスがあれば３倍、処理に手間取ります。トラブルとミスを防止し、起きたとしても迅速に対応できれば、処理スピードは確実に速くなります。よくあるトラブル・ミスと、その予防法・対処法をあらかじめ確認しておきましょう。

次に大事なのは段取りです。段取りが悪いといろいろなところで引っかかり、時間ばかりかかってしまいます。あらかじめ仕事の進め方を３通りほど考えて、その中で一番ラクそうな段取りを組みましょう。調整仕事では、根回しも対象と順序が大事です。タスク管理については後述します。

そして、３つ目は着手の早さです。これが実際のところ、処理速度に差がつく一番のポイントです。後手後手となってはミスも多くなります。デキる人ほど、かなり早い時期から準備を始めています。

なお、体調管理・集中時間はすべての土台です。キレのある仕事をするために、体調に気をつけ、集中時間を確保してください。

時間泥棒を探せ！

「何が時間泥棒なんだろうか？」

忙しいと悩む若手には、そう自らに問いかけ、業務日誌をつけて記録を取り、時間が余計にかかっている部分を探してみるようにアドバイスしています。

忙しさを解消したければ、何に時間を取られているかを、正確に把握することが大事です。それがわかれば、それを一つひとつ潰していくだけです。そのために、業務日誌には、どの業務をいつから いつ行い、どんなトラブル・ミスがあったかを記録しておく必要があります。

私の場合、チェックしてみて、手戻り・やり直しと、特に何を行ったかが不明な時間が多いことに愕然としました。そこでミスの予防に努め、段取りを整え、隙間時間を活用したところ、仕事がグンと進むようになりました。窓口対応に課題を感じていたある若手の場合、手続きの流れを「見える化」した資料をつくって簡潔な説明に努めたところ、窓口対応の時間を大きく短縮できたそうです。

時間泥棒を退治したら、その先を目指しましょう。個々の作業・業務の所要時間を考えて、それと実際の所要時間を比較して、その差の理由をつかむようにするのです。

たとえば、30分で5本の支出伝票を切るつもりが、小一時間かかったという場合には、何が問題だったのでしょうか。たとえば、処理しようとしたら請求書に不備があったといったことがありがちです。となると、請求書の要件を事前に業者によく説明・確認しておく、受け取った時点で請求書をすぐにチェックしておくことで、より効率的に伝票処理を進められるということになります。

一段上のスケジュール・タスク管理

忙しい中で、担当業務と新人育成を効率的に進め、両立するためには、一段上のスケジュール管理・タスク管理が不可欠です。自分だけでなく、新人のスケジュールとタスクも合わせて把握して、仕事と時間のやりくりをしていきましょう。

スケジュール管理では、新人の業務・研修・休暇・出張等の予定を把握しておきます。そうして、来週は新人が研修で出張だから、今週のうちに新人のA業務を見ておこう。このため、今日は自分のB業務に集中して一気に進めておきたい。こういったやりくりを考えて実行していきます。

タスク管理の基本は、今日やるべき作業を書き出して優先順に並べたＴｏｄｏリストをつくり、終わった作業を１つひとつ線で消していくことです。①作業の抜け漏れを防ぐ、②スキマ時間を活用できる、③その時々の作業に集中できるというメリットがあります。

特に、②③の効果は大きいものがあります。容器に大小の石と砂を最大限入れようと思ったら、大きな石から順に入れ、最後に砂としなければならないことはご存知でしょう。仕事もそれと同じで、大きな仕事から順に時間を確保して作業を進め、細かいタスクをスキマ時間に処理できるかで、１日で進められる仕事の量は大きな差となります。

また、性質の違ういくつもの仕事のポイントをいつも頭に入れておくのは難しく、効率的ではありません。やるべきことを書き出しておいて、頭をそれぞれの仕事ごとに切り替えることで、集中して仕事を進めていくことができます。

なお、スケジュール管理では、新人から報連相を受けるタイミングも書き入れておくとよいです。何かを指示した場合には、その場で確認の日時を決めて手帳に書き入れておきます。

効率的な仕事の進め方については多くの本が出ています。定野司著『みるみる仕事が片づく！公務員の時間術』（学陽書房）が参考になります。

《実務上のポイント》 手帳を活用しよう

スケジュールとタスクを管理するには手帳を活用すること。まずは、これに尽きると思っています。卓上カレンダーで「管理」している人がいますが、ふつうは無理です。

手帳はスマートフォン版も含めて自分に使い勝手のいいものでいいと思いますが、今日・今週・今月・この3か月の見通しを一目でチェックできるものがよいです。私は、「セパレートダイアリー」（ユメキロック）という手帳を愛用しています。

新人の皆さんへ　先輩は多くの仕事を抱えている

皆さんの指導・育成を担当している先輩には、皆さんよりも質・量ともに大変な仕事が割り振られていて、その両立のために誰もが努力していることを忘れないでください。その上で、先輩方のタイムマネジメントから学ぶとよいです。なお、わからないことはその場で確認しましょう。気遣いは大事ですが、遠慮して聴き忘れるとかえって多く時間を割いていただくことになってしまいます。

【9月】ちゃんと教えてる？　職員の「読み書き算盤」

いよいよ9月、各種の新入職員研修も終わり、職場でのOJTも進んできました。しかし、その内容は新入職員の担当業務に偏っていませんか？

新人に「業務のやり方」だけを教えてはいけません。新人が2年目にひとり立ちしていくためには、①業務のやり方を中核に、②基礎的なマナー、③基本スキルの3つの次元で指導・育成する「3D新人育成」が大切です。

OJTの中で、新人に基本スキルを身につけてもらうためのポイントは何でしょうか。

職場での業務指導＝OJTという誤解

皆さんが働く職場では、新人育成をどのように行っていますか。

多くの方が、①全体での新入職員研修と、②配属職場でのOJTだと答えると思います。しかし、OJTは「新人育成担当が職場で行う業務についての指導」に限られる場合が少なくありません。

このため、文書法務・財務会計等の基本スキルの習得は集合研修が基本であって、職場での指導は、新人育成担当が関わる起案や伝票等の範囲でのみ、場当たり的に行うものとなりがちです。

集合研修とOJTは一体的なものです。OJTで実務のポイントを教わりつつ、体系的な知識を集合研修で学び、学んだことを実務で反復して身につける。そうした流れをつくることが大事です。

担当業務等で忙しい中での指導ですから、基本スキルの指導は、新人研修等の集合研修を最大限活用することが基本です。

ただ、集合研修のタイミングが実務で必要となった後という場合が少なくありません。このため、実践的には、当初のＯＪＴでは実務で必要なものを絞り込んで教え、集合研修で全体的・体系的な内容を学ぶよう意識づけることになります。

集合研修の時期と内容を押さえて、できる限り、その前後でＯＪＴを行うようにすると効果的です。しかし、集合研修を受けただけでは基本スキルは身につきません。集合研修を下敷きに、ＯＪＴの中で実務に即しつつ、必須となるポイントを反復して身につけさせることが不可欠です。

特に、現在の新人の担当業務ではあまり使わない内容でも、職員として必須となる基礎的なスキルについては一通り学ばせることが大切です。

職場での「読み書き」指導

職員の基本スキルで、「読み書き」に相当するのは文書法務です。

「読み」では、業務に関する法令・例規・要綱の体系と基本的な内容を説明します。たとえば、市税徴収業務では、地方税法・国税徴収法・国税徴収法施行規則・市税条例・市税条例施行規則等となります。

ただ説明して終わりでは、新人も受け身になり、なかなか頭に入りません。地方税徴収業務であれば「滞納処分が国税徴収法の例とされる根拠は何か？」等、実務に即した質問をして、調べ学習をさせると効果的です。

なお、その新人の採用年度に地方自治法等の専門教養の試験がなく、また、特に法学を修めていない場合には、初歩から学ばせる必要があります。吉田利宏著『元法制局キャリアが教える法律を読む技術・学ぶ技術　第3版』（ダイヤモンド社）がおススメです。

「書き」については、文書研修でも取扱うので、その内容に即して指導します。

文書管理規程及び公文規程を根拠として、「公用文における漢字使用等について」（内閣訓令第一号）等に基づいて、実務的には、自分の自治体の「起案文書の手引き」や『公用文用語用字例集』（ぎょうせい）等を参照して、文書の作成・保存を行うことを教え、誤りがあったらそれらを調べさせましょう。

多くの場合に誤りを指摘して終わりとなりがちですが、根拠を踏まえることを徹底させることが新人のひとり立ちにつながっていきます。

職場での「算盤」指導

自治体職員の「算盤」は、財務会計の基礎知識とスキルです。

こちらも、予算・契約・会計の研修がありますので、その受講を基本として、受講前には実務上のポイントを、受講後には関連事項についても考えさせることで、理解を深めるように誘導します。

実務上は科目・計数の誤りを直させたり、請求書の不備等のチェックが中心となりがちですが、大事なのは基本的な考え方と根拠です。地方自治法・地方財政法及び予算・契約・会計の事務規則等の条文を、指導している業務毎に示して理解を促していきます。
実務の根拠を全体的に理解させるには、大崎映二著『55のポイントでわかる自治体職員　新はじめての出納事務』（学陽書房）が役立ちます。

行政の基本ルールを学ばせよう

基礎的なマナーに加え、職員の『読み書き算盤』である文書法務及び財務会計を学ぶことで、自治体職員としてのイロハは、かなり身についてきたと思います。あとは反復あるのみ。実地で繰り返して身につけさせることです。

しかし、行政の基本ルールは、文書法務と財務会計だけではありません。例規類集の「行政通則」と「財務」の例規は、一通り目を通しておくように指導しましょう。

文書法務とも関係しますが、他の部の合議が必要な場合は課長決裁でしょうか、部長決裁でしょうか。その根拠は事務決裁規程でしょうか、文書管理規程でしょうか。実践的にそうした知識・考え方を身につけさせることが大切です。

他にも行政通則には、組織・処務・市民参加・情報公開・個人情報保護・行政手続・文書・公印等の規定が詰まっています。特に、情報公開・個人情報保護・行政手続は、基本中の基本ですから、法務部門が作成する手引き等を活用して、学ばせましょう。

なお、これらの基本ルールは、単なるスキルではなく、組織として全職員に徹底すべきものです。このため、決裁に当たる上司を講師として、よくあるミス等を踏まえた職場研修を行うと効果的です。

《実務上のポイント》　基礎力全般を高める

「読み書き算盤」の指導はとにかく反復あるのみ。意識して徹底的に指導してあげてください。自分だけでは見きれませんから、主任・係長・課長等とよく相談して相互にチェックするようにすると、あなた自身の基礎力もかなり向上します。

主な法令・例規の読み方や知識についても、業務外のものも含めて指導してあげてください。それは自治体職員であれば、当然知っておくべきルールです。たとえば、「広報誌の記事掲載や備品管理のルールは？」「それらは何に規定されているのか？」等、「ここに書いてあったな」と思える程度には理解させるようにしましょう。その知識・理解は、あなたが主任・係長等として一段高い立場で業務を見る上でも不可欠です。

新人の皆さんへ　異動しても通用する職員になる

「なんで文書法務や財務会計って、あんなに面倒くさいのだろう？」。きっとそう思うでしょうね。私も新人のときはそう思いました。しかし、やはり行政に携わる以上、そのルールに精通することは必須なのです。その知識があなたのその後の伸び代となります。林誠著『どんな部署でも必ず役立つ！公務員の読み書きそろばん』（学陽書房）が参考になります。ぜひ読んでみてください。

【10月】残り6か月！ 後半戦に向けてすべきこと

10月となりました。職場での新人育成もいよいよ後半戦です。

新人にとっても、指導に当たる皆さんにとっても、この半年間はあっという間だったでしょう。しかし、あと半年間で新人も2年目となります。それまでに「ひとり立ち」させなければなりません。

前半の成果と課題を踏まえて、後半に新人育成担当がすべきことは何かを考えていきましょう。

まず、この半年間を2人で振り返る

【7月】のところで書いたとおり、ＯＪＴ計画シートに実施日と評価の記入欄を設けて、週1～2回は振り返りを行ってきたことと思います。

このＯＪＴ計画シートをもとに、この半年間で①できるようなった項目、②未だできていない項目、③自信を持てている項目、④不安を感じている項目は何か、新人と2人で振り返ってみます。

後半戦に向けて大事なことは、①～④それぞれを掘り下げて、新人自らが前半戦での到達点と今後の課題を感じられるようにすることです。後述のとおり、後半戦では、ひとり立ちに向けて、新人自身が自ら気づき、直していく自己学習が基本となるためです。

特に、新人があまり自信を持てずにいる場合、その不安を受け止めつつ、できている部分に目を向けさせるようにしてください。この時期、所属長及び人事担当は、新人の本採用を決定する人事手続きを行っています。所属長から新人の半年間の状況を問われた場合には、①～④を報告しましょう。

「新人」を卒業するとはどういうことか

リクルートマネジメントソリューションズ・山田直人ら著『部下育成の教科書』（ダイヤモンド社）では、一般社員には①Starter（社会人）、②Player（ひとり立ち）、③Main Player（一人前）、④Leading Player(主力）の4つのステージがあり、その段階を一つずつ上がっていくとしています。①Starterは「ビジネスの基本を身につけ、組織の一員となる段階」であるのに対して、②Playerは「任された仕事を一ひとつやりきりながら、力を高める段階」であり、「担当業務については自ら働きかけて周囲に教えを乞い、責任を持ってやりきる」ことが求められるとしています。

こうした点は、自治体職員も同じです。新人から若手への移行・成長ができないと、いつまでも仕事を任せることができない「指示待ち」職員となってしまいます。

「教わる」から「自ら学ぶ」へ

「任せられた仕事を一つひとつやりきりながら力を高める」ためには、業務を最初から最後まで任せてそれを支える「任せ・きる」指導が不可欠です。

「任せ・きる」指導については次項【11月】で詳しく説明しますが、「任せて・みる」指導から、「任せ・きる」育成に中心を移すことは、新人から見れば「教わる」から「自ら学ぶ」へ転換することです。

まず基本を教えてもらい、それを使って実際の仕事を体験する演繹的学習から、自らの仕事を進める中でよりよいやり方を見つけていく帰納的学習への転換こそ、「ひとり立ち」に不可欠です。新人は、急に教えてくれなくなったと感じて戸惑うことになります。しかし、ここが新人のひとり立ちに向けた正念場です。

私も苦手なのですが、答えを教えたくなる自分をグッと押さえて、自分から話さずに、まずは聴くことが大事です。そして、新人ができている／できていないと考えたポイントと、新人育成担当である自分が着目したポイントについて、両者が同じ部分は「そのとおり」と同意し、違う点については、どこがなぜ違っているかを紐解いていきます。これを繰り返すことで、両者のポイントはだんだんと近づいてきます。

このような「目線合わせ」を基本として、新人が自ら気づき、直していくのを支援していく、それが後半の基本的な育成方法となります。ただし、「任せ・きる」と言っても、完全に目と手を離す訳ではありません。新人が自ら考えて努力するためには、新人育成担当者が見ていてくれるという安心感・信頼感が不可欠です。

「できる範囲」から「一人前の質・量」へ

「ひとり立ち」に向けては、できるようになった作業・業務についても要求水準と処理すべき量を、次第に「一人前の質・量」へと引き上げていきます。

単に問題なく処理できるだけでなく、実務で通用する正確さやスピードに段階的に近づけていくことが必要だからです。特に1~3月には、新人がタスク管理をして抜け漏れなく優先順位を考えて効率的に処理していけるように誘導していきましょう。複数の業務を並行して進めることは、1つの業務をただ行うのとは別次元の難しさがあります。

Ｔｏｄｏリストを作成させて、毎朝、その内容や優先順位を説明させ、抜け漏れや順番の入れ替えが必要なときは理由とともに指摘することで、優先順位の「目線合わせ」が次第にできてきます。

ＯＪＴの限界を超えるために

①業務のやり方、②基礎的なマナー、③基本スキルを新人に身につけさせる「3Ｄ新人育成」では、ＯＪＴが基本的かつ有効な方法です。

しかし、ＯＪＴには限界があります。東京都三鷹市の元職員で山梨学院大学教授であった故・江口清三郎先生がその著書『職場からの自治体改革』（公職研）で指摘されているとおり、①「上司の能力が教えることの上限となる」、②「ＯＪＴがその効用を発揮するものは、定型的、定量的、反復的、継続的、初期的業務についてなのであり、特に読み、書き、そろばん、礼儀作法などについては著しいものがある」という指摘は、①の上司を新人育成担当者と置き換えれば、今の私たちも踏まえるべき問題です。

①については、新人育成担当任せではなく、ＯＪＴ計画を共有して課全体で育成を図ること、後半戦で「任せ・きる」ことにより、「自ら学ぶ」育成を図ることが大切です。

②については、逆に言えば、決まった答えのない仕事のやり方は、既存業務のＯＪＴだけでは、身

につかないということです。このため、新人が業界と地域へのアンテナを高くし、交流して学び、新たな課題に挑戦する機会を、意識的に用意することが不可欠になります。こうした点を考慮しないと、優秀な新人ほど成長の手応えとやりがいを感じられず、次第に意欲を失うことになりかねません。

《実務上のポイント》 根拠ある自信を持たせる

新人育成の後半戦では、「ひとり立ち」に向けて新人がどれだけ主体的に、自信を持って業務に取り組めるかを考えて、「任せ・きる」ことが大事です。「教える」のではなく、「自ら学ぶ」ように支える。指導する皆さん側の意識転換が不可欠です。ここを乗り越えないと、新人はいつまでも「ひとり立ち」できません。また、自信を持てません。くれぐれもそこにご注意ください。

新人の皆さんへ　ひとり立ちを強く意識する

自治体には頻繁な人事異動があります。育成担当の先輩は来年４月には異動かもしれません。後半戦に入ったら、皆さん自身が「もう半年で新人ではなくなる」「自ら主体的に通常業務をこなしていくことが期待される」ことを自覚して、「自ら学ぶ」「ひとり立ちする」ことを強く意識してください。

もちろん、育成担当の先輩や上司に相談して構いません。ただ、「どうしたらいいですか」と教わるのではなく、「こう考えて、こうしようと思うのですがいかがですか」とアドバイスを求めるようにしましょう。そうやって、一つひとつの仕事をやりきることが、自信につながります。

【11月】「任せる」を磨く〜「任せ・きる」〜

新人育成も、いよいよ後半戦です。ひとり立ちに向けて、新人が自ら学び、挑戦する機会をつくり、手応えを感じられるようにすることが主眼となります。

そのためには「任せて・みる」指導から、「任せ・きる」育成に切り替えることが不可欠です。11月はその正念場。そのためのポイントを説明します。

「自分ごと」だと人は育つ

『「自分ごと」だと人は育つ』は、博報堂大学が日本経済新聞出版社から2014年に刊行した本のタイトルです。本書には㈱博報堂における新入社員ＯＪＴの取組がまとめられ、「人が育ちにくい時代」に即した現場発の新たな人材育成の方法として注目されました。

なぜか自治体においては、「ＯＪＴ万能主義」と言うべき考え方が蔓延しています。「人財」こそが利益を生む原動力である大手広告代理店においてさえ、ＯＪＴが機能不全に陥り、その改善に社を挙げて正面から取り組んだ事実を、私たち自治体職員はもっと重く受け止める必要があります。

詳細は同書を読んでいただくとして、その中心となる考え方は、タイトルのとおり「自分ごと」だと人は育つということ、どのように「自分ごと」だと感じさせるかということです。逆の言い方をすれば、与えた仕事をそのままにやらせる限り、新人は育たないということです。山本五十六の言葉

「話し合い、耳を傾け、承認し、任せてやらねば、人は育たず」のとおりですね。

「任せ・きる」ことで、新人が成功も失敗も「自分ごと」と受け止めていくことが、自ら主体的に学び、ひとり立ちしていくために不可欠です。

「任せて・みる」指導では、新人育成担当の皆さんが事前に仕事のポイントと手順を教え、やらせてみて、事後に出来／不出来のフィードバックを与えていきます。つまり、その指導は演繹的です。

これに対して、「任せ・きる」は帰納的な育成です。日々の経験の中から自ら気づき、自ら改めていく自己フィードバックが基本です。自他の経験に学び、業務を全うし、自ら成長していく姿勢を身につけさせることが中心になります。

「任せ・きる」ための準備

『「自分ごと」だと人は育つ』では、「任せ・きる」ために４つの要件があるとされます。

新人側の要件は、①独力で成し遂げたという経験がいくつかある、②押さえるべき最低限の基礎的なスキルがある、の２つです。

一方、育成担当者側の要件は、③新人の実力を把握している、④（新人から）不安があれば声をかけられる間柄である、です。加えて、ひとり立ちに向けて「任せ・きる」のですから、⑤最初から最後までひとりで経験させる、⑥成功体験で終えることも要件となります。

こうした要件が整ったならば、①本人が目に見える成果・他者からの評価を得られる仕事、②仕事の楽しさ・達成感を体験できる仕事、③自分の考えを具体化できる仕事、④社内外の関係者との調整が必要となる仕事という4つの選定基準に基づいて、1つの業務を慎重に選んでいきます。

実務的には、たとえば納税課の徴収業務で言えば、上半期に一度経験した催告書の送付について、送付時期や文面の工夫も含めて「任せ・きる」ことになります。その中では、当該期間の納付額や納税相談件数等の成果を「見える化」させて、自ら課題に気づくようにします。

「任せ・きる」ことは自分との闘い

「任せ・きる」育成では、新人に自ら気づいてもらうことが不可欠です。

そのために大事なことは、「任せ・きる」仕事の目的を共有すること。何のために、どのような成果を出すことが求められるのかです。この「目線合わせ」が最初にできていないと、後でモメます。新人からすれば「後出しじゃんけん」でダメ出しされるようなものだからです。

納税課の催告書ならば、目的はボーナスや年末の支払い前に納税・納税相談をしてもらうことです。逆に言えば、納付又は納税相談もなく滞納を続ける滞納者をふるい分けていく、滞納処分の前段の処理です。これをしっかり確認しておきます。

その上で、発送時期・文面・作業手順を、前回を参考に提案させ、関係者の協力のもとで作業を完遂させ、結果を検証して次回につなげていくことを「任せ・きる」訳です。

新人には、それらの計画立案はもとより、報連相のタイミングも自ら考えてもらいます。たとえば、作業スケジュールからすれば遅いと思われるものがあっても、直接的な指導はしません。「この時期だと、〇〇はどうなるだろう?」と問いかけて、気づかせるようにします。

その際に忘れてはいけないことは、①まず聴くこと、②着眼点を確認すること、③一緒に考えることです。私もよく失敗するのですが、時間がないからと自分から話してしまうと、自分の答えを言ってしまいがちです。これが続くと、新人は考えることをやめて「指示待ち」になってしまいます。

なお、作業を優先するあまり、本来の目的が疎かになることもありがちです。問いかけながら、目的を再確認できるように支えてあげてください。

「任せ・きる」その先にあるもの

「任せ・きる」ことは面倒くさい！　皆さんは、そう思ったかもしれません。そう面倒くさいんです（笑）。けれど、失敗もしたが信頼して任せてもらえた、仕事の面白さ・手応えや自分の成長を実感した、そういう経験が皆さんにもあると思います。

「任せ・きる」指導の先にあるもの。それは、新人にとっては仕事の基礎力と自信。職場にとっては、「ひとり立ち」した戦力とお互いの信頼関係。そして、育成担当者である皆さんにとっては、人を育てて成果を出すというワンランク上の業務経験です。

前回、山本直人ら著『部下育成の教科書』（ダイヤモンド社）の一般社員の4つのステージを紹介しましたが、皆さんもまた、Main Player（一人前）から Leading player（主力）へと移行・成長する途上にあります。Leading player（主力）には、業務と職場のリードが求められます。「任せ・きる」新人育成こそが、その移行・成長のカギとなります。

《実務上のポイント》　何を「任せ・きる」かが腕の見せ所

本文にも書きましたが、「任せ・きる」ことは育成担当者にとって自分との戦いです。直接的な指導をしたくなる自分を抑えて、必ずできるようになると新人を信じることが大事です。その一方で、周到な準備が不可欠です。「任せて・みる」指導を重ねてきた業務の中から「任せ・きる」ものを選ぶこと。そして、「任せて・みる」中で、できるようになったことを、きちんとほめて自信を持たせることが大事です。

もし「任せ・きる」中でうまくいかなかった場合、自らの振る舞いをよく分析して過去の指導を反省してみてください。不十分なところがあるはずです。新人だけのせいにしないことです。

新人の皆さんへ　先輩は見守ってくれている

この時期、育成担当者の先輩の指導方法が変化してきます。「任せて・みる」指導から「任せ・きる」育成に変わる中で、先輩が急に教えてくれなくなったように心細くなるかもしれません。でも、ひとり立ちするためには、一人でやって自信を得ていくことが不可欠です。

ただ、勝手には業務を進めないこと。報連相を欠かさず、どう進めるつもりか相談しましょう。問題があるならば、育成担当の先輩から問いかけがあるはずです。なぜ、そのような問いかけがされたのかを考えてみてください。その先に答えがあります。

【12月】「トヨタを知らない日産の社員はいない」

「任せ・きる」育成を進めることで、新人も、担当業務について、次第に自信と面白さを感じられるようになってきていることと思います。

しかし、それだけでは、経験した業務をこなせるようになるというだけです。新人が今後も大きく育っていく土台をつくるために何をすべきでしょうか。3回に分けて考えていきます。

「働き一両」から「考え五両」へ

こんな言葉をご存知でしょうか？

働き一両　考え五両
知恵借り拾両　骨知り五十両
閃き百両　人知り三百両
歴史に学ぶ五百両　見切り千両
無欲萬両

米沢藩の藩主で名君とされる上杉鷹山の言葉です。仕事の価値というものを明確に示してくれる名言だと思います。自治体職員としてよりよく働くためには、このうちの「働き一両」から「人知り三百両」までを身につけたいところです。

新人は、言わば「働き一両」を徹底して、自治体職員としての作法を身につける段階です。しかし、その先は「考え五両」の働き方ができなければ、早晩行き詰まってしまいます。

ひとり立ちして主要業務を担当するためには、経験したことがない業務でも自分で考えて回していける力と、担当業務を必要に応じて自ら改善できることが必要になってくるからです。

必ず根拠と目的を押さえる

では、どうしたら「考え五両」、つまり、考えて業務を進められるようになるでしょうか。

まず大事なことは、根拠と目的を押さえることです。根拠と目的は、仕事を進める上での羅針盤。これがしっかりしていなければ、正しい方向に進むことはできません。

自治体職員の仕事は「うまくいけば〇K」ではなく、根拠と目的に照らして正しいかがいつも問われるものです。しかし、新人は、ときに業務をこなすことで頭がいっぱいになってしまいます。

だから、業務を行うに当たって、必ず目的と根拠をまず押さえること。それが習い性となっているか、改めて新人をチェックしてください。

「タコ壺」に陥らないために

「考える」仕事をしていくためのアプローチはいくつかありますが、ぜひ新人に身につけさせたいのは、視野を拡げて比較する、それもその分野における最先端を意識して比較する習慣です。

「トヨタを知らない日産の社員はいない」。私は若手によくそう言っています。民間企業の社員であれば、必ず競合他社のことをよく知っているものです。

新人は与えられた仕事を一通りこなせるようになると、そこで満足してしまうことがあります。このため、業務の「高み」を感じさせてあげることが、成長を続けさせるための土台となります。

同じ法令、そして、同じような計画等に基づいて業務を行っているはずなのに、職場や自治体によってやり方は千差万別です。特に先進自治体では、根底にある発想から違っていたりします。自分たちの業務における「トヨタ」はどこなのか。近隣自治体・類似団体・先進自治体の事例に触れる機会を数多くつくってあげてください。現場を見て担当者の話を聴く機会を与えられれば一番です。

新人は、一番吸収力があるとき。きっと現場から多くのものを感じ取ってくれます。広い視野を持てるかは、新人のうちが肝心です。

まずは「ＴＴＰ」

「考え五両」に「働き一両」の5倍の価値があるのは、考えて実行するからです。考えるだけではなく、実行力を高めることが不可欠です。

それには、まず「ＴＴＰ」です。「徹底的にパクる」の略だそうですが、それが実行力を高めて効果を出すことを覚える早道です。それをぜひ新人に教えてあげてください。

なぜ早道なのか、それには2つの理由があります。1つ目は、自治体同士では相互協力の文化があるからです。これを利用しない手はありません。2つ目は、上司等を説得しやすいからです。うまくいっている事例をもとに説明すれば、上司も理解しやすいし、実績があるので安心です。

「TTP」はただ真似するように思われがちですが、先行事例を状況に合わせてどのように導入するか、いろいろと考えて試行錯誤する必要があります。逆に言えば、そうした実行過程を抜きにして、いくら考えても「考え五両」の仕事にはなりません。

「TTP」でとにかく数多く経験を積むこと、それが腕を磨く早道です。新人が実際に「TTP」する機会はなかなか巡ってこないかもしれません。しかし、育成担当者である皆さんには、中核戦力としてその機会があるはずです。皆さんが、幅広い事例を調べ、職場で相談しながらTTPを進めていく。その姿を、ぜひ見せてあげてください。

業界を知る情報源

自分たちの業務における「トヨタ」はどこか、「TTP」すべき先進事例は何か。どうやったらそれがわかるのか、業界を知る情報源についても、新人に教えましょう。

まず、挙げられるのは自治体情報誌。月刊『ガバナンス』(ぎょうせい)、『D-file』(イマジン出版)、『日経グローカル』(日経BPマーケティング)などがあります。こうした雑誌は、企画・行革・人事等の部署で定期購読していますので、それを見せてあげてください。定期的に記事をチェックするかはともかく、こうした情報源があることを知っていれば将来役立ちます。

また、『東京税務レポート』(東京税務協会)のような特定分野の情報誌もあります。こうした雑誌は、職場の回覧で見られるでしょうから、新人が読む前にざっと目を通して、読むべき記事に付箋をつけておき、新人が読み終わったら感想を聞くようにしましょう。新人も感想を聞かれると思うと、よりしっかりと読み込むようになります。

ただし、新人には感想を聞くことを事前に言っておくこと、そして、長々とやらないことです。負担が大きいと敬遠されてしまいます。大事なことは、新人が自ら学ぼうとすることです。

結局のところ、こうしたことを新人が身につけることができるか、それは新人育成担当の皆さんがそうした姿勢でいつも仕事をしているかで決まります。ぜひ手本となる姿を見せてあげてください。

《実務上のポイント》　改善を「経験」させる

新人が一通り業務をこなせるようになったら、その先を見せてあげましょう。特に先進事例を踏まえたＴＴＰによる改善経験は必ず体験させてください。改善経験がないと、教えられた処理をこなすことに終始するようになってしまいがちです。改善を成功させて自信をつけさせるのはもちろん、うまく進められなかったとしても何かが得られているはず。そこをフィードバックして支えてあげてください。

新人の皆さんへ　自分の働き方を高める

自治体職員として働く中では「人知り三百両」まで目指すとよいです。知恵を借り、コツをつかみ、閃きを活かし、その道の名人から学べれば、仕事のレベルがグンと上がります。

そして、最初はＴＴＰでいいので改善の工夫を重ねてください。うまくいかなくても、その経験が財産になります。失敗から学べることは、長い長い自治体職員人生では不可欠です。

【1月】「100人の出会い」が新人の幅を拡げる

1月となりました。あと3か月で、新人育成も終わりです。

新人がひとり立ちするには、自ら成長して業務を担っていく手立てを身につけさせる必要があります。

そこで質問です。人を一番磨くものは何でしょうか。ヒントは、ダイヤモンドは何で磨くかです。

人を一番磨くものは何か？

「ダイヤモンドは何で磨くか」の答えは、もちろん、ダイヤモンドですね。

それと同じく「人を磨くものは人である」と、メンターとして尊敬するYさんに教えられ、それ以来、私はその考えを大事にしてきました。

私たち自治体職員は、幅広い人たちのために幅広い人たちの協力を得て仕事を進める職業。自治体の人口が十万人ならば、十万とおりの人生があります。自分とは違うそれぞれの人生です。

「出会いは絶景」とは俳人・永田耕衣の言葉だそうですが、多くの人と出会い、自分の幅を広げていくことは、仕事にとっても、人生においてもとても大切なことです。

若いうちにはなかなか実感できないかもしれませんが、30代後半からは、それまでに培ってきた人間関係、つまり、積み上げてきた信頼残高が、仕事における大きな差につながっていきます。

ぜひ、自分を磨いてくれる人と新人の「きらめく出会い」をつくってあげてください。

メンターを持つ、ライバルをつくる

自分を磨いてくれる人として、メンターを持ち、ライバルをつくることを、私は若手に勧めています。それは自治体職員としての将来を左右する、まさに一生の大事です。

尊敬すべきメンターと、切磋琢磨するライバルは、増上慢になるのを防ぎ、謙虚に自らを長く高めていく一生の財産となります。

メンターとは、ホメロスの叙事詩『オデュッセイア』に登場する王子の教育を託された賢者の名前が語源だそうです。教えてくれる存在というより、自ら真似る存在、つまり、ロールモデルです。

ただ、そう紹介した拙著『公務員1年目の教科書』（学陽書房）の読者の方からも、「メンターがいない」「どう探したらいいのかわからない」という声がいくつも寄せられました。私がどうやって、素晴らしいメンターの方々と出会ったかと言えば、特別な方法はありません。心の底から求めたこと、そして、自分にないものを持っている方を尊敬して見習おうとしただけです。

ぜひ皆さんも、自分のメンターやライバル等、多くの素晴らしいものを持った人を新人に紹介してあげてください。その人をどうして自分が尊敬しているのかを率直に話してあげたらよいです。

「外」の人との出会いをつくる

19頁でご紹介した『ＯＪＴ実践ノート』の姉妹版で、新人が使うための『ＯＪＴ新人ノート』（ナビゲート）には、「１００人の出会い」というページがあります。

今後も関わりが続きそうな方１００人について、①出会った日付、②氏名、③所属・特徴メモ、④

出会い・出来事、⑤区分（同じ部署・社内他部署・お客さま・ご協力先等）を記録するものです。

自らを磨き、幅を広げていく出会いを新人につくってあげるためには、数多くの出会いを用意してあげることが必要です。他部署・他自治体・地域の方々を、幅広く紹介してあげてください。

１００人と言うと、とても多いと思うかもしれませんが、庁内の関係部署の職員20人、自分と同年代20人、先輩・上司20人、他の自治体の職員20人、地域や業者の方々20人と会えば、それでもう１００人になります。皆さんには、お世話になっている方がもっともっといるでしょう。ぜひ、そうした人たちと会い、その人柄や仕事に触れる場面をつくってあげてください。

なお、ただ紹介してあげても、スルーされてしまう場合が多々あります。このため、『ＯＪＴ新人ノート』のように、記録させると効果的です。

人とつながるコツを教える

新人の中には、ふだん付き合っているのは気の合う友人だけで、見知らぬ人、特に上の年代と付き合うのが苦手な人がいます。

そんな新人には、ただ紹介するだけではダメで、どのように長く深くつながっていくのか、そのコツも身につけさせる必要があります。

こうした付き合いは仕事上でのものであって、好き嫌いで付き合うのではないこと。だから、相手のよいところと付き合うこと。そして、相手の信頼に応えること、という心構えから伝えていくとよいです。

その場合には、ぜひ自分の体験、特に失敗談を交えて話してあげてください。新人の心に響きます。

交流・学習の場に連れ出してみる

自分を磨いてくれるきらめく出会いをつくっていく、その最たるものは、交流・学習の場に連れ出してみることです。

庁内には自主勉強会があり、地域にも様々な交流の機会があるのではないでしょうか。そうした場には、意欲ある若手・先輩が集まっています。いい刺激を与え合い、切磋琢磨し合う仲間を得ることは、自治体職員として一生の財産になります。

東京の多摩地域には、小平市職員有志による「K-up」などの自治体ごとの自主研や、多摩全体での「タマガワリーグ」、長年にわたって活動を続けてきた「行政技術研究会」等の場があります。全国には各地の「政策法務研究会」や、「自治体学会」「日本公共政策学会」「地方行政実務学会」等があります。ぜひ、そうした場に連れ出してあげてください。

こうした場に新人を連れ出す中で、皆さんも自分のネットワークを見直すことができます。

《実務上のポイント》「人付き合い」を教える

新人に「１００人の出会い」をつくることは大変に思えるかもしれません。

しかし、会議に同席させたり、廊下等で声をかけたり、一緒にランチしたりと、日常の機会にプラスαするだけで、かなりの出会いをつくることができます。いつも誰かに会いながら、仕事等を進めている訳ですので。だからこそ、意識的に連れ出そうとすることが、関係を見直す機会となります。

なお、自分のメンター等、「この人！」という人と引き合わせる場合には、新人自身が話を聴き、話しかける時間を持てるように、話を振ったりと流れをつくってあげてください。

「人とつながるコツ」については、①相手の話をよく聴いて何に興味を持っているかをつかむ、②帰ったらすぐにお礼のメールを出す、③折に触れて近況を尋ねる、④相手の部署の近くに行った際には顔を出す、⑤ランチや飲みをたまに一緒にする、⑥何より相手の信頼に応える仕事をする等、具体的にポイントを教えてあげましょう。皆さんがそうしている姿を見せてあげるのが一番です。

新人の皆さんへ　「人付き合い」は自治体職員の生存技術

見習うべきメンター、切磋琢磨するライバルは、やりがいを持ち、倦まずに仕事をするための一生の財産。ここに自治体職員としての人生がかかっていると思って懸命に探してみてください。自治体職員はなかなかほめてもらえない職業なので、こうした存在が大きな支えとなります。

「人付き合い」は、ある意味、能力以上に仕事と職場の居心地を左右する自治体職員の生存技術です。多くの人から学び、お互いのよいところを活かして仕事を進められることは、幅広い人と仕事する自治体職員には必須です。拙著『公務員ホンネの仕事術』（時事通信出版局）も参考にどうぞ。

【2月】見せて育む！　自治体職員の「ＭＶＰ」

2月となりました。新人が、新人を卒業する春も、もうすぐです。業務と新人育成の両立は本当に大変だったと思いますが、その苦労が報われるのも、もうすぐです。新人と自分自身の成長の手応えを感じながら、残り2か月を過ごしていきましょう。

前々月・前月と、新人が成長して職場を担う存在になっていくための土台づくりについて考えてきました。今回のキーワードは「ＭＶＰ」です。

人が成長するための三大要素

「人間の成長には『ＭＶＰ』の三大要素が必要だ」とは、今北純一著『仕事で成長したい5％の日本人へ』（新潮新書）の言葉です。

「ＭＶＰ」のＭはミッション（挑戦すべき目標）、Ｖはビジョン（目標に到達する具体的な道筋）、Ｐはパッション（夢や目標に向かって燃やす情熱）のことです。

自治体職員として求められるものも、経験年数、役職、そして自治体を取り巻く環境によって変わってきます。その中でも倦むことなく、よい仕事を積み重ねていくには、仕事にやりがいと手応えを感じられることが不可欠です。

やりがいはミッション、手応えはビジョン、それらの原動力はパッションによって得られるものです。この3つを持てなければ、仕事は辛い中で耐えるだけの消耗戦になってしまいます。

では、新人が自分の中に自治体職員としての生涯を支えるミッション、ビジョン、パッションを培っていけるようになるために、何をすべきでしょうか。

使命は、使命を持つ人から学び取るもの

ミッションを今北さんは「挑戦すべき目標」としていますが、私は目標というよりは、自治体職員として働く目的そのものだと思っています。

自治体の使命は、「住民の福祉の増進」（地方自治法第1条の2第1項）を、「最少の経費で最大の効果」（地方自治法第2条第14項）で実現することです。ただ、それをそのままに自治体職員の使命と考えてしまうと、単なるお題目になってしまいます。自分なりに、具体的な中身を伴ってこそ、その使命が心に根差したものとなります。

結局のところ、何が「住民の福祉」であり、どのような状態となれば「増進」したとするのかは、各自が自分自身で感得するしかありません。

しかし、多くの新人は、自治体職員としての基礎基本を身につけ、目の前の業務をこなすことで精いっぱい。スタートラインに立ったばかりですから、将来、自分がどのような分野で働き、どの役職に就くのかもまだイメージできていません。

皆さんには、自分が感じている使命を、ぜひ新人に語ってあげてほしいです。もしかしたら、その内容は新人にはピンと来ないかもしれません。けれど、語られるその使命が皆さんの心に根差したも

のであれば、それが皆さんを動かしている原動力であり、ブレない軸であることは必ず伝わります。私は今も、入所当初のＫ課長の「小金井市を一流市にする」という秘めた志に触れたときに、深く感動したことを覚えています。

ビジョンは、強く求める中で描かれる

ビジョンとは、使命を下敷きに描かれる、「目指す未来の見取り図」です。使命が実現した姿の具体的なイメージと言うこともできるでしょう。

自治体職員には真面目な人が多いです。まして、目の前の業務に追われる新人の多くは、将来を見据えて仕事をすることを、まだ知りません。

納税課長時代に、私はメンバーに恵まれ、市税収納率の向上に向けて職場みんなで一つひとつ取り組んでいました。職場が大きく変わってきたことを、他の職場の若手から「まるで魔法のようだ」と言われたことがあります。

もちろん、魔法でも何でもありません。それがビジョンの力です。目の前の仕事は大事ですが、それだけでは大きな目標には辿り着けません。大きな目的に向かってゴールを描き、そこへ至る道筋を描いていく。そうした「思い描き、進んでいく力」がとても大切です。

新人育成担当である皆さん自身が、新人に自分のビジョンを語ってあげられるのが一番ですが、皆さん自身も模索中だと思います。上司・先輩のビジョンに触れる機会をつくってあげましょう。

「やる気」は自分で育てるもの

意欲に溢れていた新人が、だんだんと熱意を失い、気づいたら与えられた業務をこなすだけの、ふつう以下の若手になっていた。そんな残念な事例が周囲にありませんか。

職場のモチベーションアップは管理監督職の仕事ですが、自分自身でモチベーションを高く保てることも、プロとして必須の能力です。仕事の多くは地味で単調なものです。また、ときに業務量が大幅に増加したり、職場の人間関係が悪化したりすることもあるからです。

モチベーションを高く保つ方法は、本質的にはやりがいを自ら感じること、つまり、内発的な動機付けしかありません。上司や関係者から仕事ぶりをほめられたり、感謝されることはそれを補強するものに過ぎません。究極的には、あまりほめてもらえず、感謝の言葉をもらえなくても、やりがいを感じられる何かを、自らの中に見つけて握りしめていることが大事です。

ですので、まずは新人育成担当である皆さん自身が、やりがいを持って面白く仕事をすること。やりがいを感じていきいきと働く先輩等を新人に多く引き合わせること。そして、新人の努力を認め、新人が成長を感じられるようにすることです。これを毎日小さくとも行っていきましょう。

同じことをやっているだけでは、情熱はすぐにしぼんできてしまいます。業務を発展・改善しよう、自分が成長しようと思うこと、それが情熱の素になります。

なお、金銭等のインセンティブや自分へのご褒美も短期的にはやる気につながります。しかし、そうした外発的な動機付けは、中長期的にはモチベーションの低下につながることがわかっています（アンダーマイニング効果）。自分へのご褒美は、常用・多用しないようにご注意ください。

《実務上のポイント》 自分の「やる気」を促え直す

「やる気の育て方」は、忙しい皆さん自身にとっても課題でしょう。私も多くの若手・中堅から相談されます。忙しい中で自分のやる気の素を見失いがちですが、新人育成に向き合うことで忘れていた自分の意欲や成長を感じ取り、再発見することができます。

なお、新人の日々の小さな成長に気づいて、それを認める／ほめるためには、新人の努力に感謝する気持ちが不可欠です。決して「やって当然」と思わないでください。山本五十六の「やっている、姿を感謝で見守って、信頼せねば、人は実らず」ですね。

新人の皆さんへ　いきいきと働いていくために

「仕事なんて淡々とこなすものだ」と思っている人もいるかもしれません。プロとして求められる成果以上のものを確実に出せる「仕事人」ならば、そういう働き方もアリです。

ただ、自治体職員はあまりほめてもらえない職業です。組織のオキテや空気も重いものがあります。「求められるもの」に応えつつ、自分の「やりたいこと」と「できること」を大切に。自分のやる気を自分自身で育てていくことが、自分らしくいきいきと働いていけるかの分かれ目になります。

【3月】新人卒業！　大事なのは「磨き続ける」習慣

いよいよ新人育成も最後の1か月です。4月には、新人も2年目としてひとり立ちして、自ら担当業務をこなしていくことが求められます。

第I部を終えるに当たって、これまでの内容を振り返りつつ、新人育成の成否の要件を改めて考えていきます。新人が育たないとしたら、その原因は何でしょうか？　3つほど考えてみてください。

原因①　片手間の仕事だと思っている！

私がこれまで新人育成について自ら悩み、また、多くの若手の相談に乗ってきた中で、新人育成がうまくいかない原因として圧倒的に多いものは、ズバリこれです。担当者が、管理職が、職場が、新人育成を「オマケ仕事」と考えていて、職場全体で全力で行う必要があるという認識がありません。

これでは絶対にうまくいきません。【4月】のところで述べたとおり「新人育成は『3億円』仕事」です。まして、多くの自治体で人口・税収が減少している中で、住民福祉を持続的に増進させていかなければならない時代。簡単なことでは、その担い手を育てられるはずがありません。

新人が立派な成人であるという認識を欠き、子ども扱いしている場合も見受けられます。自分も最初は新人だったことを忘れた、その思い上がりを自省したいものです。何より、初歩をきちんと教えることこそが、本当はとても難しいことがわかっていません。

だからか、新人指導を片手間でやってしまおうとする。大人同士なのですから、【5月】で述べたとおり「ラポール」（信頼関係づくり）がまず大事ですし、【8月】で扱ったとおり、業務と育成を両立するには自分の仕事を倍速処理できないといけません。

新人育成は、担当だけでなく職場全体で全力で当たる。その認識の共有がまず不可欠です。

原因②　業務のやり方だけを教えている！

業務のやり方だけを教えていると、新たな業務に自ら対応できない、教えたことしかできない若手をつくってしまうことにつながります。

第Ⅰ部を通して「3D新人育成」の必要性を訴えてきました。【6月】で述べたとおり①業務のやり方を中核に、②自治体職員としての基礎的なマナー、③基本スキルの3つの次元での指導を、【5月】で扱ったとおり、ゴールとOJT計画を共有して新人育成を進めることが不可欠です。

また、「教える」だけでは新人は育ちません。【7月】のところで述べたとおり、①説明する、②やってみせる、③（理解した内容を）確認させる、④やらせる「OJTの4段階」での指導の上、【11月】で説明したとおり「任せ・きる」ことが必要になります。

そして、【9月】で述べたとおり、職員の基本的なスキルである文書法令・財務会計その他の行政通則を教えておきましょう。そうした職員としての「読み書き算盤」が身についていなければ、異動先では通用しません。

原因③「ＭＶＰ」を見せていない！

ここまでのことがクリアできていれば、新人は、基本的には与えられた業務を自らこなそうとする「Player」（ひとり立ち）には育つと思います。

問題はその先です。【10月】で述べたとおり「Player」の先には、自ら工夫して課題を解決しようとする「Main Player」（一人前）、業務とチームをリードする「Leading Player」（主力）というステージがあります。その方向性と土台は、新人のときにつくられます。

そのためには、「任せ・きる」を自ら乗りきった経験とともに、【12月】で説明したとおり「人知り三百両」までの価値ある仕事のやり方と、分野のトップを意識して努力する習慣を身につけること。【1月】で述べたとおり幅広い人と出会う機会をつくり、メンター・ライバルを見つけ、自分のネットワークを広げつつ確かなものにしていくこと。そして、前項【2月】のとおり、自治体職員のＭＶＰ（ミッション・ビジョン・パッション）を見せて育むことが大事です。

こうした土台づくりを疎かにすると、結局のところ新人は、目の前の「作業」をどうラクにこなすかということばかり意識することになり、一通り担当業務をこなせるようになったところで成長が止まってしまうことになります。

大事なのは「磨き続ける習慣」！

自治体職員は、幅広い人たちのために幅広い人たちの協力を得て仕事を進める職業です。そして、定年までずっと幅広い異動が続きます。

その中で様々な出来事を経験し、経験を力に変えて、自治体職員としてステップアップしていくためには、仕事に倦まず、自らを磨き続ける習慣が不可欠です。「自分はデキる」と思ったときからその人は錆びはじめ、気づいたら職場のお荷物になっている。「ぬるま湯」の怖さを、よくよく肝に銘じておかなければならないと私は思っています。

日本型のキャリアデザインは「筏下り」から「山登り」と言われます（大久保幸夫著『日本型キャリアデザインの方法』日本経団連出版）。最初の10年間ぐらいは、激流のような仕事の渦の中で何とかバランスを取りながら基礎力を培う「筏下り」の段階です。様々なことを経験する中で、自分の幅を拡げ、自らを知り磨くことが大切です。それが土台となり、登れる山をより高くしてくれます。

ぜひ「自治体の仕事は面白い！」ということを新人に見せてあげてください。そして、好奇心と使命感を持って課題に向き合い、自らの成長の手応えを感じながら、仕事を面白くしていく大切さを、感じさせてあげてほしいと思っています。

新人育成はマネジメントの実践そのもの

1年間の新人育成、本当にお疲れ様でした。

業務と育成の両立は、優秀な皆さんにとっても一つの試練であったと思います。皆さんが中堅となり、今後「管理職」や「専門家」となっていく上で、その経験はとても貴重な財産となります。

この1年間、皆さんは担当業務と新人育成の両立のために、計画的・効率的に業務をやりくりすることを実践してきたと思います。また、新人に対して、信頼関係を築き、周囲と連携して育成を進め、習熟度を確かめながら、次第に自律的に仕事を進められるように工夫してきたことでしょう。

それは、マネジメントとリーダーシップの経験そのものです。自治体では、必ずしも若いうちにそうした経験を積む機会に恵まれている訳ではありません。こうした機会を活かすことが、そして、その経験を糧にできることが、皆さんの今後にとっていかに大事であるかがおわかりになったかと思います。できたこともできなかったことも、丸ごと今後に活かしてほしいと思っています。

そのためにも、新人育成の最後に、何が計画どおりにいき、何がそうならなかったのか。その原因は何か。それらから自分は何を学んだのかを振り返ってみてください。改めて多くの発見があるはずです。

新人の皆さんへ　さあ、これからが本番です！

1年間、お疲れ様でした。先輩の下で多くを学びつつ、窮屈さもあったろうと思います。2年目からはひとり立ち。わからないことも自分から調べ、聞き、上司等への報連相を重ねながら進めていくことが求められます。「教えてもらっていないからできない」という言葉は、2年目以降の職員としては自分の無能をさらすものでしかありません。

ぜひ、この1年間で何を学び、何は学びきれなかったかを振り返ってみてください。両方とも理解できれば、あなたの2年目以降は、大きく実りあるものに必ずなります。

第Ⅱ部 「人育て」を楽しく進める3段階

初級編　「人育て」を楽しむ

1　可能性を信じる

第Ⅱ部では、「人育て」を楽しみながら上手に進めるためのステップを説明します。「人育て」は奥深い世界。最初からうまくはいきません。みんな迷いながら身につけていくのだと思います。そのため、一番大事なことは、「人育て」を楽しめるようになることです。「好きこそものの上手なれ」。好きにならなければ「人育て」は上達しません。

なぜ面倒に感じるのか？

この本を書くに当たってインタビューした多くの若手が語ってくれた「人育て」についてのホンネは「面倒だ」でした。私も最初はそう思ったので、よくわかります。自分で仕事をした方が速いですし、忙しい中で相手や状況を考えて教えるのは、かなり大変で面倒くさいものですよね。

しかし、あるとき、後輩が「相談すると、堤さんは面倒そうな顔をする」と語っているのを立ち聞きしたのです。「面倒だ」という気持ちを何とかしないと、うまくいかないのだと気づきました。

「面倒だ」と思うのには様々な理由があります。業務の忙しさ、スキルの不足、相手の意欲の低さ、上司や職場の理解不足などなど。しかし、同じ状況でも「面倒だ」と思わない人もいます。問題は状況そのものではなく、なぜそう思うかです。ＡＢＣ理論（アルバート・エリス）ですね（後述）。

私の場合、心の底に次のような考えがあることに気づきました。カッコ内がホンネの感情です。
①担当業務こそが自分の仕事（指導・育成なんてオマケの仕事で邪魔だ）
②仕事は自分で覚えるもの（俺も自分で覚えたんだから、君も自分で覚えてよ）
③デキるようになるかは本人次第（教えたって必ずしもデキるようにはならないさ）
我ながら嫌な先輩です。しかし、インタビューした若手にも同様の感情がある場合が多いのです。

自らを振り返る

「面倒だ」という感情は、特に優秀な若手にこそ強いと感じています。

優秀であるがゆえに、自分は自分の力だけで仕事ができるようになったと思うのかもしれません。しかし、そんなことはありえません。傍に誰かがいるからこそ、人は育つのですから。

「面倒だ」という気持ちを乗り越えていくためには、自分自身を振り返ることが必要になります。自分がそれなりに仕事をこなせるようになった過程を振り返ると、いろいろなことを思い出します。忙しい中で教えてくれた先輩に迷惑をかけてしまったとか、苦労したけれど先輩のフォローのお陰で仕事をやり遂げられたとか、思い返せば少し温かい気持ちになれると思います。

　この少し温かい気持ちが持てることが、とても大事です。「人育て」は、やっぱり大変だからです。こんな自分でも、上司・先輩の温かい指導のお陰で成長できた。そう実感できれば、「面倒だ」という思いもスッと溶けていきます。

ワクワク感を大切にする

もう一つ、「面倒だ」という気持ちの根底に、「人育て」は実りの少ない、つまらないものという思いがありませんか。

ぜひ、目の前の新人・若手がこう育ってくれたら楽しいなという「ワクワクする姿」を思い描いてみてください。このワクワク感が「人育て」を楽しんで進めていくための力強いドライブになります。「ワクワクする姿」は、そんなにすごいことを考えなくて大丈夫です。「来年には○○業務を一人で処理してくれたら頼もしいな」、「こちらの状況を理解して連携してくれたら○○ができるな」、そんな具体的でちょっと嬉しくなる未来の姿です。

そう言う私も、そんな思いを自然に持てるようになったのは、かなり最近のことです。前の職場である納税課で、若手と一緒にいろいろと取り組む中で、メンバー一人ひとりのことを毎日考えているうちに、その変化・成長が楽しく感じられるようになってきました。

意識して、小さな変化・成長を見つけるようにしてみてください。最初のうちは、目を凝らさないとなかなか気付かないものです。ちょっとした変化・成長に気づいたら、少し気分を上げて驚いたり、喜んだりしてみます。そのうちに、それを面白く感じるようになってくるから不思議です。

指導・育成を実らせるためには、その「可能性を信じる」ことが不可欠です。しかし、その成功経験がまだない中では、信じられるかは気持ち（マインドセット）の問題なのです。温かい思いとワクワク感を大事することで、「可能性を信じる」ことができるようになります。

教える自分もグンと伸びる！

「仕事に対する自分の考え方」に向き合う

アルバート・エリスの「ABC理論」をご存知でしょうか。

A（Activating event＝出来事）とC（Consequence＝結果）の間には、B（Belief＝信念、固定観念）がある。出来事（A）の結果としてどのような感情を抱くか（C）は考え方次第（B）であり、自分が自動的に行ってしまう非合理的な考え方（Irrational Belief）を見つめ直すことで健全に考えられるようになるという、認知療法の基本的モデルです。

中堅として「業務とチームをリードする」ことが求められるようになると、仕事はますます大変になってきます。そんな中で自分らしくいきいきと働き続けるためには、「何かうまくいかない」と思ったときに、仕事に対する自分の考え方を深く見つめ直していける力が不可欠です。

相手と過去は変えられず、変えられるのは自分と未来。特に、それなりに仕事がデキる若手は、自分自身の担当業務はそれなりにこなせますから、「何かうまくいかない」という思いを強く感じるのは、他者に強く関わることになる新人・後輩指導の中でこそです。

そういう私も正直に言うと、今もしょっちゅう「面倒だ」と思っては反省しています。しかし、その反省こそが、人との関わりの中でより自分らしく働けるようになるためのカギとなります。「面倒だ」と思ったときこそ、まずは仕事に対する自分の考え方を深く見つめ直してみてください。

2　信頼関係を築く

少し温かい気持ちとワクワク感を持って「人育て」を楽しむ気持ちを感じられるようになれたら、次に必要なことは、新人・若手との間に信頼関係を築くことです。

信頼関係がなければ、あなたがどんなに正しいことを言っても、相手には響かないからです。あなたを信じるようになれば、相手はあなたを見習って自分から学ぶようになってくれます。

まずは関係づくり

皆さんもご存知のとおり、まず大事なことは挨拶をすることですよね。

ただ、これが簡単なようで難しいものです。初対面では、あなたより新人・若手の方が緊張しています。その緊張を和らげつつ、節度を持った高い好感度の挨拶をすることは簡単ではありません。「挨拶」という字は「心を開いて相手に近づく」という意味だそうです。上司・先輩である皆さんの方からオープンな態度で寄り添っていくこと。「おはよう」等と相手にかける言葉以上に、それが表情や声のトーンに表れている、それが素敵な挨拶です。「メラビアンの法則」ですね（後述）。

しかも、私のようなオジサンの場合、残念ながら、だんだんと爽やかさはなくなってきます。年齢を重ねる中で素敵な挨拶をしている方というのはすごい訳で、そうした人を手本に自分の挨拶を磨いていけるとよいと思います。私の手本は、入所当初の上司だった○さんの明るく元気な挨拶です。

相手と自分との関係は、挨拶を始めとするそのやり取り（ストローク）で成り立っています。そして、そのやり取りは、言葉以上に、表情や声のトーンが大事。初対面で、まして相手が新人・若手の場合は、特にそうだと肝に銘じておくことが大切です。

相手に敬意を払う

信頼関係づくりのポイントは、第I部でも書いたラポール（打ちとけて話せる関係）です。そのためには、緊張している新人・若手に、こちらから適度な間合いで近づいていく必要があります。

しかし、この「適度な間合い」が難しい。あまり打ちとけすぎた態度・言葉遣いでは馴れ馴れしいし、逆に丁寧すぎればよそよそしいものです。しかも、この「適度な間合い」は、実際のところ、一人ひとり違っていて、そのときの気分等によっても変わるものだから困ります。

だから、一番大事なことは、後輩・部下に対して、私はあなたを大事な存在として気遣っていますということが伝わること。そして、相手の反応を見て距離感を微調整しながら対話を重ねることです。

自分と相手は、立場・考え方・感じ方等いろいろなものが違うかもしれません。と言うか、自分とまったく同じということはありえません。そうした違いがある中で、相手とベクトルを合わせていく。相手を尊重しつつ、やり取りを重ねていく。それが信頼関係になっていく訳ですが、そのためには相手への気遣いが、もっと言えば敬意がとても大事です。

こう言うと、きれいごとのように聞こえるかもしれません。しかし、私は道徳的な意味で言っているのではありません。実践では、このこと抜きにうまくいかないのだと皆さんに伝えたいのです。

自分よりも立場・能力・経験等が下に見える相手に、人としていつも敬意を払っているということは、難しいですが不可欠なことです。実際、以前のぞんざいな態度が尾を引く場合があります。

新人であっても、様々な経験を積み、プライドを持つ大人です。このことを忘れて、上から目線で押しつけたとき、その人らしい成長の可能性はなくなってしまいます。

それでは、その「人育て」はうまくいきようがありません。私は、そのことで何度も失敗しました。今も反省させられることが多いのが正直なところですが、だからこそ大事だと痛感しています。

ブレない軸を持つ

こちらから心を開いて近づき、相手に気遣い、敬意を払っても、直ちに信頼関係になる訳ではありません。親しみを持って打ちとける基本的な関係をつくることができるだけです。

信頼関係とは、結局のところ、相手とは立場や考え方が違っても約束を守る相手であり、背中を預け合える相手であると信じ合えることなのだと思います。私は、このことを利害や立場がぶつかる滞納者との納税交渉や職員団体の役員としての労使交渉の中で学びました。

指導する側とされる側でも、時に利害や考え方がぶつかります。それでも信じ合えるためには、住民の福祉の増進という大きな目的のために公益を優先して働くことをブレない軸として自分の中に持ち、それを相手に信じてもらう必要があります。

自分自身の能力不足等により相手を失望させてしまうことは、残念ですが起きます。だからこそ、「あいつなりに頑張ってる」と信じてもらえるブレない軸を自分の中に抱き、やせ我慢であっても貫きましょう。それがいずれ本当の軸になり、自治体職員としての本物のプライドに育ちます。

教える自分もグンと伸びる！

表情と印象をよいものにする

人と付き合っていく中では、第一印象がとても大事です。

なぜなら、人の判断には「確証バイアス」が働くからです。「確証バイアス」とは、認知心理学や社会心理学の用語で、仮説や信念を検証する際にそれを支持する情報ばかりを集め、反証する情報を無視または集めようとしない傾向のことです。

つまり、第一印象で「あの人はダメだ」と思われると、相手はその印象に沿って情報を集め、その判断を強めてしまう傾向があるということです。このことは逆も然りです。

このため、相手に与える印象をよいものとすることはとても大事です。その大きなヒントになるのが「人は見かけが9割」という言葉で知られる「メラビアンの法則」です。コミュニケーションで相手に与える印象には、話の内容よりも、表情や口調の方が強く影響する。その割合は、言語情報（話の内容）が7％、聴覚情報（口調や声のトーン・話すスピードなど）が38％、視覚情報（見た目や表情・動作など）が55％であるという、アルバート・メラビアンの研究結果が元になっています。

「40歳を過ぎたら自分の顔に責任を持て」とも言われます。普段からにこやかな人は柔和な顔に、いつもしかめ面の人はそうした顔になってきます。育成担当をする中で、自分の表情等を見直してみましょう。

3　目標を話し合う

「話し合い、耳を傾け、承認し、任せてやらねば、人は育たず」。山本五十六の格言では、人を育てるための要諦として、最初に行うべきことは「話し合い」とされています。

しかし、残念ながら、最初に育成担当者と新人・若手の間で「話し合い」がされることは、ほとんどないのが現実です。多くの場合は、育成担当者からの一方的な説明に終始してしまっています。

「話し合い」がないということは、新人・若手に「言われたことだけやれ」と一方的に言っているのと同じことです。納得感と主体性を持って取り組んでもらうためには「話し合い」が大事です。

話し合って決める

「話し合い」は大事。それはわかっているのに、どうして一方的な説明になりがちなのでしょうか。残念ながら、私は話が長い方です。一方的に話をしてしまい、話を聴くのが疎かになりがちです。そのことを反省する中で気づいたのは、自分中心で考えてしまっているということでした。

相手中心で考えていれば、一方的に自分が話すことにはなりません。①相手の考えを聴く、②聴いた内容を自分が受け止めたことを伝える、③その上で自分の考えを述べるというやり取りを重ねて、④一定の結論を得て、⑤お互いに共有できていることを確認するという流れになるはずなのです。

新人・若手への指導・育成においても、相手は大人。業務等のことでわからないことが多かったとしても、その人なりの考えがあり、これまでに蓄積した知識・経験があります。また、どのような指導等がよいかにセオリーはあるとしても、相手と状況によって具体的な展開の仕方は変わります。新人・若手に対する指導育成とは、ゼロの相手にイチから教えて、ある姿に一方的に持っていくのではありません。相手をその人らしく大きく育てようとするならば、相手の考えと自分の考えを「話し合い」によって重ね合わせながら、納得感と主体性を大事にして進めていくことが不可欠です。

意見に耳を傾ける

山本五十六の格言の、２つ目のフレーズは「耳を傾け」です。

「話し合い」をきちんと気持ちと考えが通い合うものとするためには、「耳を傾ける」こと、つまり傾聴がとても大事です。

傾聴はカウンセラーがプロとして磨いていく高度なスキルです。職員研修等で学ぶものは、ごく初歩に過ぎません。多くの場合、私たちは傾聴できているつもりでもプロから見れば不充分なものです。

自分の過去を振り返ってみて、先輩・上司に相談して自分の悩みや辛さを心からわかってくれたと感激したような経験は何度あるでしょうか。話は聞いてくれたけれど、気持ちは少ししか通じなかったと感じる場面が多くはなかったですか。先輩・上司も貴重な時間を割いて付き合ってくれたはずです。それでもなかなか気持ちは通じない。ここを出発点に考えていく必要があります。

自戒を込めて、このことは特に強調しておきたいです。「耳を傾ける」の言葉どおり、耳を相手に傾けるようにして、気持ちを相手に向けて全身で相手の気持ちと考えを受け止めることがポイントです。言葉を聞くだけで気持ちや考えを受け止めていないときは、必ず相手にわかってしまいます。「伝え返し」と言いますが、相手の気持ちを示すキーワードを拾って返すことで、受け止めていることが相手に伝わります。話を聴いて、必ず端的な言葉で「伝え返し」をして、それから自分の考えを述べることを意識してみてください。

目標を共有する

新人・若手の指導育成の最初に行うべき「話し合い」は、ＰＤＣＡのとおり、その計画についてとなります。そのときに大事なことは、目標を決めて、しっかりと共有することです。ここがズレると、その後に様々なすれ違いが起こってしまいます。

目標は、ズバリ、その指導育成が終わったらどうなっていてほしいかです。新人育成でしたら、「先輩等のフォローを受けつつも、業務を一通り自分でこなせる一人前になること」ですね。そして、その中身となる、身につけるべき知識とスキルが何かを具体的に設定して確認していきます。

そのとき、それらの知識・技術を身につけるべき理由を明快に伝えましょう。それが不充分で、それぞれの知識・技術の習得が型どおりというか、浅いものになってしまうことが散見されます。

また、多くの場合、目標は知識や技術の習得に置かれますが、気持ちや態度も目標に含めましょう。指導・育成期間の後、新人・若手にどのような気持ちや態度を持っていてほしいかも話し合うとよいです。「担当者として○○に責任感を持ってほしい」「○○業務は、○○な点が面白いんだ。それがわかってもらえると嬉しい」等です。それがモチベーションにつながります。

教える自分もグンと伸びる！

高い傾聴力を身につける

傾聴はカウンセラーがプロとして磨いていく大変高度なスキルです。カウンセリング手法を学ぶには、アレン・アイビイが開発したマイクロカウンセリングが好適です。カウンセリングのプロセスや技法を細かく示され、訓練によって身につけられるようになっています。

様々な技法がありますが、ぜひ身につけたい基本に「はげまし」と「焦点」があります。「はげまし」とは、「頑張れ」と言うことではありません。たとえば、「○○で迷っているんですよね」という相手の言葉を受けて「迷っているのですね」と返すことで、肯定的に受け止めていることを伝え返して、相手がその方向で話を続けることを支えることです。

「焦点」は、伝え返す際に相手の話の中からその真意を示すキーワードを選び、話が核心へと深まるようにするスキルです。相手が何度も繰り返す言葉や感情を示すその人独特の言い回しを聞き逃さないようにしましょう。その言葉に焦点を当てて「伝え返す」ことで話が深まります。

よく傾聴では質問が大事とされますが、「はげまし」と「焦点」によって自然と話が深まっていく展開をつくれると、相手の話の腰を折らずに、よい雰囲気で「話し合い」を進められます。

しっかりと学びたい方には、福原眞知子監修『マイクロカウンセリング技法』（風間書房）がおススメです。技法に即して悪い例・よい例が説明されており、専門的ですがわかりやすいです。

4　ＯＪＴの４＋１段階

しっかりとした傾聴に支えられた「話し合い」によって、お互いの考えと気持ちのベクトルを揃えることができたら、いよいよ具体的な指導育成に入っていきます。

信頼関係づくりと目標の共有は、指導育成の土台です。この土台が不確かだと、育成担当者の言葉は新人・若手に届きません。土台づくりには、最初だけでなく日常的なメンテナンスが必要です。信頼関係を高め、目標を確認する「話し合い」を、傾聴を大事に折に触れて行うよう注意してください。

ＯＪＴ計画をつくる

ＯＪＴを進める上で大事なのは、ＯＪＴ計画です。ＯＪＴ計画については、第Ｉ部【５月】でも触れていますが、ここではもう少し実践的に説明します。

ＯＪＴ計画では、共有した目標を実現するために、何をいつどのような方法で習得するかをまとめていきます。実務上は、①メニュー、②年間予定表、③教材の３つを用意して、「話し合い」の中でＯＪＴ計画を共同作業で組み立てていくと効果的です。

まずは、①メニューです。目標達成を分解して、そこに含まれる知識・スキル・気持ちを項目として書き出します。大事なことは、目標達成のために必要なものをすべて書き出すことと、それを身につける場面を具体的に想定することです。忘れがちなのが気持ちです。業務の面白さ、プライド、自信をどう感じてもらうか。そこがないと、能力は高いのに業務に踏み込めないことになりがちです。

次に、②年間予定表です。①のメニューにある項目を、1年間のどの時期に扱うかを配置していきます。ポイントは、重要なものから先に決めていくこと、具体的な場面を想起して最もよいタイミングを選ぶこと、関連させて扱えるものは同時又は近くに配置すること、特に重要な項目については何度か配置することです。その上で、「任せ・きる」項目と時期を考えておきます。

最後に、③教材です。知識ならば文献、業務や作業ならばマニュアル、スキル習得ならばチェック表などです。新人・若手が基本的な内容を身につけられるようなものを用意します。

以上の①～③は、６～８割方の完成度で用意して、「話し合い」を重ねる中で固めていきます。選択や工夫の余地を残して「話し合い」の中で決めていくことで、新人・若手に納得感と主体性を持ってもらえます。忙しい中で精緻なものを用意し、更新し、共有するのは大変で続きません。

「確認」を挟む

一つひとつの項目を指導していく上で「ＯＪＴの４段階」は非常に役立ちます。

第Ⅰ部の【7月】のところで触れましたが、東京都主税局の藤井朗さんが提唱されている指導法で、「職場内研修（ＯＪＴ）は、①説明する、②やって見せる、③理解度を確認する、④やってもらうの４段階方式を採用すべきである」とされています。

山本五十六の格言の「やってみせ、言って聞かせて、させてみて」との順番の違いに注意してください。「やって見せる」前に「説明する」ことで、「やって見せる」ことの理解を深め、理解内容を「確認する」ことで不安なくしっかりと「やってもらう」ことができる流れをつくっています。

このため、「説明する」では、身につけてもらう業務の進め方やそのための知識・スキルの目的や意味等のポイントを簡潔・明快に伝えること、「やって見せる」中でもポイントを強調すること、そして「確認する」では詰問せず、自由に話させて理解できる部分をほめ、不足を補うことが大事です。

「振り返り」を習慣づける

人の記憶はあまり長く保てません。私が学んだ研修づくりのメソッドでは、短期記憶は20分程度しか持たず、何度も五感を通して繰り返すことで長期記憶に定着するとされています。

このことは、ＯＪＴも同じです。「ＯＪＴの４段階」は、同じ内容を４回学ぶため定着率が高い方法ですが、加えてもう1回「振り返り」を入れることでグッと効果が高まります。

「振り返り」で大事なことは2点あります。①まず、すぐに行うことです。「やってもらう」の後すぐに、できた点と課題を答えてもらい、よい部分をほめて不足を補うこと。フィードバックの効果は時間の経過とともに低くなるとされるので、すぐに行うことが一番効果的です。

もう一つは、②「ＯＪＴ日誌」を新人・若手に書くよう勧めること。手で書き、書いたものを目で見ることで定着率はさらに高まり、日々蓄積されて新たな気づきにつながり、そして、その新人・若手が後に教える立場になった際に読み返せばとても役立つ財産になります。

「振り返り」の中では、どうしても反省に偏りがち。しかし、できなかったことだけでなく、できたことに焦点を当ててください。それが新人・若手の自信につながります。同じミスを繰り返す新人・若手にはその傾向を指摘しつつ、できたことを活かしてどう乗り越えるかを話し合うとよいです。

教える自分もグンと伸びる！

「内省」力を磨く

「振り返り」、つまり内省（reflection）は、自治体職員にとって大事な習慣・能力です。

自治体職員は権力に関わる職業なので、自分を戒める力が不可欠です。それに加えて、若手から中堅に向かう中では叱ってくれる人も少なくなってきます。

アメリカの哲学者ジョン・デューイは、何かを経験する中で直面する問題や疑問を、明らかにして解決していくのが内省の役割だとしています。「経験学習モデル」を提唱したデビット・コルブは、経験・反省的考察・概念化・試行を繰り返すことが学習としましたが、反省的考察とはまさに内省のことです。同じ経験をしても、そこから何をどれだけ学べるかは内省次第なのです。

私も教えていただいたことなのですが、ドナルド・ショーンという研究者が専門職がどのように専門知識と専門性を身につけているかを研究し、専門性の発展に寄与するプロセスとして、経験している間の内省と経験が終わった後の内省の2つがあることを明らかにしているそうです。

誰でも自分の嫌な部分は見たくないものです。だから、内省は習慣にすることが不可欠だと私は思います。習慣化することで、内省も次第に深まり、また、職場での立場等が変わる中でも内省を続けて傲慢になることを防ぐことができます。古代ローマの五賢帝の一人、マルクス・アウレリウス著『自省録』には、内省がどれだけ人の叡智を磨くかが示されています。ぜひ一読してみてください。

5 「余裕」をつくる

「人育て」の初級編、その最後でお伝えしたいことは「余裕」の大切さとそのつくり方です。

考えてみれば当たり前のことですが、自分のことで手一杯では「人育て」はできません。若手の話を聴いていると、もうちょっと育成担当者が「余裕」を持てたらなあと思うことが多いです。

はじめて後輩ができて業務について教えることとなった等、多くの若手が扱う初級レベルの「人育て」では特に高度なスキルは必要ありません。しっかりと新人・後輩をよく見て寄り添える「余裕」があれば、多少の問題があったとしても最後は何とかなるものだからです。

では、意識して「余裕」をつくり、それを保っていくためには、何が必要でしょうか。

まず「覚悟」を決める

最初に結論を言ってしまうと、残念ながら「余裕」はつくろうとしてもつくれません。

私も若い頃は、仕事ができるようになれば「余裕」をつくれると思っていました。もちろん、第Ⅰ部【8月】で書いたように「仕事の倍速処理」は不可欠です。しかし、その上では、能力の問題である以上に、人としての「器」の大きさの問題なのです。能力は多少低くても「余裕」を失わない人もいますし、逆に能力は高いのにいつもギスギスしている人もいます。

このことは、自動車でたとえるとわかりやすいでしょう。どれだけ速く走れる車でも、小さければ誰も乗せられません。もちろん、多くの人数を乗せられる大きな車でもエンジンが非力では走ることもできませんが、一人しか乗せられない車では自分以外に誰かを乗せることは不可能です。

しかし、「器」は人格そのものですから、一朝一夕で大きくはなりません。一方、新人・若手育成は仕事ですので待ったなしです。このため、「余裕」はなくとも、自分の「器」に新人・若手を入れてとにかくやっていく「覚悟」をまず決めることが先になります。

一人分の容量に二人分を入れる訳ですから、当然苦しいです。だれど、そう「覚悟」を決めて、苦しくても努力を続けていると、いつの間にかそれに慣れ、「器」も少しずつ広がってくれます。

相談に感謝する

「余裕」を新人・若手の側から見てみましょう。

新人・若手が何か困ったことがあって相談する場面で、新人・若手が感じる育成担当者の「余裕」のなさとは、教えてくれない、答えてくれない、相談しにくいということです。逆の言い方をすれば、必要なことを教えて質問に答え、相談に応じることが不可欠な「余裕」だということになります。

ある程度、教えることはできているとすれば、一番大事なことは相談への対応です。ただ、この相談が面倒なのですよね。なぜか忙しいときと重なったりして、「自分で考えて」と言いたくなります。

でも、新人・若手は自分ではわからない、できないから相談するのです。育成担当者が、新人・若手は自分でできる、又は自分でやるべきと考えていることが、本人にとってはそうでない訳です。相談は放置せず、前向きな気持ちで受け止めることが大事です。

前向きな気持ちで相談を受け止めるためには、まず感謝することを意識します。自分が気づいていなかったことを新人・若手が自分から教えてくれるのです。もし相談がなかったら、あなたがあらかじめすべてに気づいて手を打てなければ、仕事や育成はうまくいきません。それは不可能です。まして新人の場合、まだ報連相のタイミングもわからない中で、自分から相談してくれているのです。「ありがとう」と声に出しながら、微笑んでみてください。これをやっていると、「面倒だな」「邪魔だな」等と一瞬むっとしても、ちゃんと感謝できるようになってきます。一種の自己暗示ですね。

自分自身を律する

「余裕」をどうつくるかは「鶏が先か、卵が先か」というジレンマのようです。

新人・若手育成のために自分自身を律することが必要となります。両者は絡み合いながら高まっていくものですが、「器」はすぐには大きくなりません。まず自分を律する力を高めることが先になります。

私は自分に甘い弱い人間で、それで失敗を繰り返しています。反省する中で私が気づいたのは、自分を律する力を少しでも高めるためには、毎日することを決め、それを守ることを続けるとよいということでした。私の場合、毎朝のトイレ掃除などですが、それを守れることが自信になってきます。ただ、余程に意志が強い人でない限り、すべてを自分で意識して律するのは難しいものです。私にはとても無理です。そこで、私が自分自身でやってみて効果的だと思うのは、一つは自分自身に罰を科すこと、もう一つは守るべきことを習慣化してしまうことです。

たとえば、職場での相談への対応では、「相談して私が嫌そうな顔をしたら、必ず言ってね。

ジュースを1本ご馳走する」と約束しています。また、なかなか相談に対応する時間が取れない場合には相談時間を1日の中で設定して毎日行うと、いつしか習慣となってくれます。

教える自分もグンと伸びる！

自己制御能力を高める

目標のために何かを我慢して行動を制御することを「自己制御」と言います。「自己制御」は、①思考、②感情、③衝動、④動機付け、⑤遂行の5つの面で行われるとされ、【A】基準、【B】監視、【C】能力又は動機付けの3つの要素が必須とされています。

チャールズ・カーバーとマイケル・シャイアーの自己制御理論では、自己意識が自己制御を促進するとされます。自分が「慎重であるべきだ」と考えていれば、それが基準となって自分をチェックし、衝動的な自分を認識し、より楽観的に行動しようとしていきます。また、ロイ・バウマイスターは自己制御力の力は使いすぎで消耗すると、自己制御ができなくなるとしています（制御資源）。

こうした理論を踏まえると、自分自身を律する力を高めるためには、①しっかりとした基準を持つこと、②自分の内面に目を向けて監視すること（内省）、③目先の利益ではなくて大きな目標を実現したいという動機付け（達成動機）、そして、④制御資源を増やすことが重要だと理解できます。

2週間にわたって食べたものを記録するよう指示された実験参加者の自己制御能力が高まったという研究があるそうです。私のトイレ掃除も、制御資源を増やすことにつながっているのですね。

中級編　「成長」を見守る

「人育て」を楽しめるようになってきたら「中級編」。ここからが本番です。仕事の手順等を教えるというレベルを超えて、「人材育成」に本当に取り組んでいくために必要なことについて考えていきます。

1　「人材観」を見直す

「当然」の罠

「やっている、姿を感謝で、見守って、信頼せねば、人は実らず」。

山本五十六は、格言の三番目において「人を実らす」ために最初に必要なこととして、「感謝」を挙げています。格言の二番目「人は育たず」が一人前に育てることための要諦だとすれば、格言の三番目「人は実らず」は「人財」として人を大きく育てるためのポイントを示すものです。

管理職研修等でこの話をすると、一瞬ですが、かなりの受講者の方が憮然とした表情になります。「仕事なのだからやって当然」、「何で感謝しなきゃいけないのか」という思いなのでしょう。「上司・先輩である私の方が忙しいし困難な仕事をしている」という思いも見え隠れします。

この「当然」という考えは、上司・先輩の立場にある人、特に個人的には仕事がデキる人が陥りやすい罠です。しかし、厳しい言い方をすれば、それは後輩・部下を単なる「駒」と見ているということと同じです。人として見ることができていないと言わざるをえません。

「人は木石にあらず」。職務は服務・給与に基づくものですが、新人・若手もまたそれぞれに思いを抱えながら仕事に向き合い、頑張ってくれています。新人・若手一人ひとりが胸に抱える思いこそが、仕事に取り組み、成長していくための原動力です。

かの松下幸之助も、感謝の大切さを繰り返し述べています。感謝を忘れたら後輩・部下は決して実らないと肝に銘じて、日々感謝し、それを示すことが出発点になります。

自分の「癖」に気づく

後輩・部下の取組を「当然」と感じやすいのには、それなりの理由があります。

自戒を込めて言えば、誰もが自分のやっていることは「当然」だと思っているからです。このことについて、最近も改めて考えさせられました。

自分のトップ5となる「強み」に気付かせてくれるアセスメント「ストレングス・ファインダー2・0」について、その認定ストレングスコーチの資格を持つ武蔵野市職員（当時）の齋藤綾治さんのお話を伺ったときのことでした。ストレングス・ファインダーの結果、自分のトップ5に「収集心」があることがわかったことを知って、齋藤さんは長年の疑問が解けたのだそうです。

「判断に先立って、自分はできる限り材料を集めようとする。なぜ多くの人は材料を集めもせずに判断するのかずっと疑問だったが、それは自分がそういう傾向を持っている一方、他の人は持っていないからだ」ということに気づいたのだそうです。私も、なるほどと思いました。

学校の勉強でたとえれば、授業を聞いただけで国語がわかってしまう人は、他の人もそうだと思いがちです。一方、「算数」は、自分は塾にも通って勉強しないとわからないけれど、授業で習っただけでできてしまう友人もいる訳なのです。

後輩・部下その人なりの資質や伸ばし方を考えてみる。そのためには、自分を基準に考えることから自由になる必要があります。

「考え方」が一番

多くの場合、人材育成は能力を伸ばすこととされます。

しかし、名経営者として知られる稲盛和夫さんは、「人生や仕事の結果は、考え方と熱意と能力の3つの要素の掛け算で決まる」としています。

熱意と能力は0点から100点まであり、掛け算ですから、能力を鼻にかけて努力を怠った人より、能力は普通でも熱意を持って取り組む人が大きな結果を残すことができます。しかし、ポイントは、稲盛さんが、考え方にはマイナス100点からプラス百点まであるとしていることです。どんなに熱意と能力があっても、考え方がマイナスでは、成果どころか害を及ぼす存在になってしまうということです。

「正しい考え方」を伸ばすこと、意欲を高めること、その上で能力を伸ばしていくこと。逆に、単なる能力自慢をつくらないこと。そう考えて「正しい考え方」「熱意」「能力」の中身とその伸ばし方を考えること。「人育て」を「実らせる」ためには、そうした「人材観」が不可欠です。

教える自分もグンと伸びる！

人はどのような存在かを深く考える

結局のところ、「人育て」が実るか、どのような実り方をするかは、育成担当者として対象となる新人・若手をどのような人材であると考えるかに大きく左右されます。後輩・部下を「駒」だとしか考えない人には、作業員は育てられても次代を担う「人財」の育成はできません。

「X理論・Y理論」をご存知でしょうか。ダグラス・マクレガーは、人間観・動機付けについて2つの対立する理論があるとしました。人間は生来怠け者で強制されたり命令されなければ仕事をしないとするのが「X理論」で、条件次第で責任を受け入れて自ら進んで責任を取ろうとするとするのが「Y理論」です。

「X理論」は、アブラハム・マズローの欲求段階説における低次欲求（生理的欲求や安全の欲求）を多く持つ人の行動モデルで、「アメとムチ」によるマネジメント手法が効果的とされます。一方、「Y理論」は、高次欲求（承認欲求や自己実現欲求）を多く持つ人の行動モデルで、魅力ある目標と責任を与え続ける「機会を与える」マネジメント手法が効果的とされます。

現代日本、とりわけ自治体職員の生活水準はかなり充足されています。このため、「X理論」に基づく「アメとムチ」のやり方は、短期的にはともかく長期的には効果がないことは明らかではないでしょうか。

「教える」こと以上に、「Y理論」に基づき、自ら学ぶ「機会を与える」ことが大事です。

2「見守り」の極意

「やっている、姿を感謝で、見守って、信頼せねば、人は実らず」。

山本五十六は、その格言の3番目で、必要とされることの2つ目として「見守る」を挙げています。皆さんにも幼いときに、親や先生が見守っているのを頼もしく感じながら、何かの最初の一歩を踏み出した経験があると思います。

新人・若手の主体性を大事にしながら、安心感を持って踏み出してもらうためには「見守る」力が不可欠。高いレベルで「見守り」を行うためには何が必要かを考えていきましょう。

適度な「間合い」を取る

「見守る」は、「見る＝一人ひとりを理解する」と「守る＝適切な援助をする」の2つの行動から成ると、「見守る保育」を提唱する新宿せいが子ども園の藤森平司園長（保育環境研究所ギビングツリー代表）は説明しています。

見守られる側からすれば、あまり口や手は出さずに、しかし、目は離さずにいてくれて何かあったらサッと助けてくれるということですが、そのための適度な「間合い」が難しいところです。

「間合い」には、2つの意味があります。1つは物理的な距離。もう1つは時間的な間隔です。近いところからまじまじと常時見ていると、本人も監視されているようで気になってしまいます。本人の邪魔にならない距離感と間隔が大事です。

実際のところ、この距離感や時間的な間隔は人それぞれです。同じ若手のAさんに対するのでも、BさんとCさんとでは適度な「間合い」は異なります。AさんとBさんの間でも、穏やかなときか緊急時かという場面・状況や、2人の関係性が変化することによって大きく変わってきます。

このため、適度な「間合い」の取り方は、試行錯誤と経験によって身につけていくしかありません。少し近すぎたと思ったら遠ざかり、間隔を空けすぎたと感じたら声を掛ける頻度を少し上げる。そうした調節をする中で、「間合い」の感覚をつかんでください。意識して調節することが大事です。「間合い」の取り方が上手な先輩等がヒントになりますが、体格、性格、声のトーンと大きさ、異性か同性か、親疎の度合いなど、自分との違いを考慮に入れるようにするとよいです。

見えないものを「観る」

「見守り」で大事なことは、その字のとおり、状況を「見て」理解することです。

「見守り」の「守る」では、援助は最低限が原則。このため、援助が必要か、最低限必要なものは何かを「見る」力が「見守り」の成否を大きく左右します。四六時中近くに付き添っている訳ではなくても、さりげない「観察」によって状況を見て取れるように努力することが大事です。

「見てわかる」ということは、「視覚認知」と言われます。視覚的に目で見えても、人はそれが直ちに認知されるとは限りません。むしろ、理解できるものだけが頭の中に入ってくるものです。人には複雑な感情がありますから、人を見て理解しようとするときには、見えていないものを自覚することが特に大事になります。

たとえば、ある処理を新人・若手が上手に処理できたとしましょう。そのときには、ミスにつながる処理をどうして回避できたのか、それは意図的か無意識か、また、必要な知識やスキルが身についているか、適切に使えているか等を「観る」必要があります。

ミスやトラブルに見舞われた場合は特に注意が必要です。たとえば、ある事柄を見落としたことが原因だったとしても、それが本人は懸命にやっていた中で見過ごしたものなのか、注意していればわかるはずのことを油断して見過ごしたのかでは、フォロー・指導の内容には大きな違いが出ます。目にしたことから事実を見て取るとともに、それだけではわからないことを「観る」ように努力しましょう。最初はなかなか難しいですが、その積み重ねがあなたの「観る」力を磨いてくれます。

「信頼」して励ます

「見守る」の「守る」は、見て取ったことから必要となる援助をすることです。

大事なことは、新人・若手本人の主体性です。イチから細かい指示を出しては、それをぶち壊してしまいます。できるだけ、「あれって、どうだったっけ?」とヒントを疑問形で問いかけて、本人に思い出してもらってやり直し、やり遂げさせることで自信をつけさせたいところです。

私も今もそうですが、これは育成担当者にとっては自分との戦いです。新人・若手を信頼して、ミスを責めたり、イチから指導したり、代わりに自分でやりたいのを我慢する。それに尽きます。

そのとき、相手は動揺していますから、「大丈夫だよ」と励まして支えましょう。皆さんも経験があると思いますが、先輩・上司が落ち着いていれば、新人・若手も落ち着くことができます。

教える自分もグンと伸びる！

「観察力」と「洞察力」

「見守り」は、新人・若手の主体的な成長のために不可欠な力です。「そうか！」と自分で発見する経験は貴重な財産であり、それが自信となっていくからです。どんなに能力が高くても「できる」という自信がなければ、能力を活かすことはできません。

そして、この力は、将来、上司として何人もの部下を束ねて仕事を進めるために不可欠です。多くの業務をそれぞれにこなす部下全員に四六時中付き添うことは不可能ですから、それぞれに適切な「間合い」を取りながら、「見守る」必要があるからです。私も今でも苦労していますが、これができていないために、新任の多くの係長職・管理職がつまずいてしまうのを見てきました。

「見守り」の核は「観る力」です。「観る力」は、見てわかるものを見て取る「観察力」と、見えないものを見通す「洞察力」から成りますが、まず「観察力」が正確であることが大事です。

「観察」で注意したいのは、「観察者効果」と「観察者バイアス」です。前者は、「見られていると意識したときに行動が変化する現象」のことです。実務的には、こちらが見ていると相手に意識されているときとそうでないときの差に注意することが大事です。後者は「観察者が見出すことを期待している以外の行動が見落とされがち」という測定における誤差のことです。ふと目にした違和感を大事にすることが、「観察者バイアス」防止に役立ちます。

3　ほめる、感謝する

山本五十六の格言の中にも、「ほめる」「感謝で」といった言葉が出てきます。新人・若手にどんな態度でどのような言葉を掛けるかが、新人・若手育成の成果を大きく左右します。特に、ひとり立ちして自ら役割を果たしていける主体性や自律性を育めるかに大きな差が出ます。ほめたり叱ったりを適切にできることは、育成担当者としては不可欠。では、どのように行ったらよいでしょうか？

「ほめる」ことの難しさ

適切にほめることは、難しいものです。

育成担当者からの相談でよく聞くのは「ほめ過ぎてしまい、新人・若手が増長して油断しないか」という懸念でした。ただ、こうした懸念は、自分自身はほめて育てられたと感じていない人たちに多いもので、若い世代には比較的少ないと感じられます。

はじめて何かに取り組んだ人は、それを自分が正しくできているかがわかりません。このため、育成担当者が正しくできているということを認める＝承認することが不可欠です。それによって、新人・若手は自分が正しくできていることを理解し、自信をつけていくことができるようになります。

つまり、正しくできていることを事実ベースで認めて声を掛けることが、まず最初に必要なことです。ほめるという行為は、承認によって、そのよい部分を伸ばすために行う働きかけです。

「どうほめていいのかわからない」という人がいますが、そうした人は、ほめる対象は特段の成果でなければならないとか、ほめることはお世辞を言うことだとか誤解している場合が少なくありません。正しくできることにつながった、本人の態度や工夫を「いいね！」と認めればよいのです。

何に注意して、どんな工夫をすることがどういう結果につながるかを理解していれば、たとえ新人・若手が正しくやれなかったとしても、一連の取組の中で正しいやり方につながる部分をほめることができるはずです。ほめる場所がわからない場合は、新人・若手の行った一連の処理を分解して、その中での正しい部分、よい結果につながる部分を考えてみましょう。

たとえば、窓口対応で仮に制度説明の部分が拙かったとしても、その態度・姿勢はよかったとしましょう。その場合には、「相手の言葉に耳を傾けて、丁寧に説明しているのがよかったね」等と、その部分をほめます。必ずよいところはありますから、そこを探して認める＝ほめることで、新人・若手も「自分は全然できていない訳ではない」「先輩は見てくれている」と安心できます。

「ほめる」方向に注意する

ただ、だからこそ、どの部分をどの方向に伸ばすべきか、その選択がとても大事です。

先の窓口対応の例で、「丁寧」なのはよいのだが、時間がかかり過ぎているとしましょう。その場合には「丁寧さ」をよいと強調し過ぎると、かえって時間がかかる方向へ背中を押してしまうことになりかねません。

認める＝ほめるべき部分は、「礼儀正しさ」や「相手にわかりやすい言葉を使った説明」等であり、その部分を「よかったね」とほめることになります。

ほめることとは、よいことを認めて、その方向に伸ばしていくための働きかけ。新人・若手の行為をよく観察して、何がよいのかを正しく示す言葉を選んで、感情を込めて伝えることが大切です。

仕事して「当たり前」と思わない

「ほめる」ことと併せて考えておくべきことがあります。それは感謝の言葉がけです。

山本五十六の格言でも「感謝で見守って」の大切さが示されています。繰り返しになりますが、「仕事なのだからやって当たり前」と思わないことですね。自分の役割を理解して主体的にそれを果たそうと思う気持ちと行動、それはとても大事なことですから、それに感謝することが大事です。

同様に、「教えたとおりできて当たり前」とも思わないことです。こちらの教え方にも、いろいろと至らないところがあるもの。なのに、教えを汲んで、しっかりと教えたとおりできているのですから、教えたポイントをしっかりと注意していることをほめ、そして、そんな態度への感謝を「ありがとう」と言葉にすることです。その言葉が、新人・若手の心を軽くします。

育成・指導するのは役割。そこに上下はないし、かつては自分も手取り足取り教えてもらった身なのに、知らぬ間に「教えてやっていることに感謝しろよ」との思いが心の底に積もったりします。感謝の念を感じ、それを言葉に出す習慣が、そうした慢心を防ぐことにもつながります。

教える自分もグンと伸びる！

「ほめてはいけない」アドラー心理学

ユング、フロイトに並ぶ心理学の大家アルフレッド・アドラーに始まるアドラー心理学では、「ほめてはいけない」とされます。その理由は、相手の自律心を阻害し、ほめられることに依存する人間をつくりだすことにつながるからです。

ほめることは「上から評価する」ことです。これに対して、アドラー心理学では「横から勇気づける」ことが有効だと考えます。そして、貢献への感謝を何度も受け取ることによってのみ、人間は自律的に成長していく勇気を得ることができるとしています。アドラー心理学が「勇気づけの心理学」とされる所以です。一般的な考え方とは反するように感じられるかもしれませんが、太田肇著『「承認欲求」の呪縛』（新潮新書）のとおり、ほめることが頑張り過ぎを生んでしまう事態も広く見られます。アドラー心理学については、わかりやすいガイドが多く出版されていますので一読をおススメします。

ただ、アドラー心理学については誤解もあると思っています。岸見一郎著『嫌われる勇気』（ダイヤモンド社）がベストセラーになって広まったからかもしれませんが、アドラーは別に嫌われることを求めていたりはしません。「上から」「アメとムチの教育」を否定しているのです。「横から」の対等な関係であれば、ほめるのが自然な場合もあります。

上からの指導ではなく、横から伴走する。それが自律心を育てる方法ということですね。

4　きっぱりと叱る

「ほめる」ことに続き、「叱る」ためのポイントを考えていきましょう。

「ほめる」のが難しいという悩みが比較的に中堅以上に多いのに対して、若手からは「叱るのは苦手」という声をよく聞きます。

ほめるのは、相手も喜んでくれます。しかし、叱られるのは相手にとって嫌なもの。それがわかっていますから、叱る方も及び腰になりますよね。どうすればよいでしょうか？

「叱る」のは育成担当者の仕事

厳しいことですが、とても大事なことなので最初にはっきりと言っておきます。

「叱る」のは仕事です。直接その場で新人・若手と相対している、あなたにしかできない仕事です。

「ほめる」ことは、同僚でも、また「すごいですね！」と後輩・部下の側から言ってもよいです。ほめられれば相手も喜びますので、やってくれる人も出てくるでしょう。職場のメンバーに頼んでおき、そうした雰囲気をつくっておきたいところです。

しかし、嫌がられるのを承知で育成担当者の代わりに叱ってくれる人は、余程に教育熱心で責任感のある人だけです。そんな人はほとんどいません。上司も部下を指導する役割を負っていますが、上司の出番は直接に新人・若手育成を行う育成担当者が叱った後です。

「叱る」ときは、みんなの前ではなくて別室でという配慮を基本としつつ、「その場ですぐに」が原則です。「後で」「今度」等と逃げてはいけません。一度逃げてしまうと、その後で注意しようとしても「あの時は何も言わなかったのに」となりがちだからです。

中堅というべき経験年数なのに、基本的な実務に難があるとされる職員がいました。以前の職場では問題児扱いされ、上司も本人の問題点をいろいろと言っていました。私が関わるようになってすぐに、初歩的なミスをしたため別室に読んで話を聴きつつ、「○○が一致しているか今後は必ず確認してください。あなたは○年目で○○業務の経験もあるからできると思っています。わからない点があったら、すぐに相談してくださいね」と指導したところ、「そんな指導ははじめて受けた」と言っていたのが衝撃でした。それまでの先輩・上司は何をやっていたのでしょう。ちゃんと指導されない中でいろいろと言われて、本人も苦しんでいたのです。

叱るのは誰でも嫌なものです。でも、新人若手がいきいきと働いていける基礎を身につけられるように、叱るべきときはきちんと叱ってあげてください。最初の一歩を間違えてしまうと、先々では大きなズレとなり、直すのは何倍も大変になってしまいます。

「怒る」と「叱る」を区別する

とは言え、「ほめる」こと以上に「叱る」のは難しいものです。

「ほめる」のは、よいと思ったことを、そのまま認めて伝えればよいです。しかし、「叱る」場合には、多くの場合に怒りの感情を伴うからです。

皆さんも、先輩・上司等から怒りをぶつけられて、戸惑ったり、傷ついたり、自分も頭に来たりという経験をしたことがあると思います。

「怒り」のピークは6秒で過ぎるとされています。このため、新人・若手が何かをやらかして叱る必要が出たときは、心の中で6秒ゆっくりカウントしてから話すとよいです。私は怒りっぽいので度々やっていますが、6秒はかなり長いです。しかし、怒りの荒波はかなり穏やかになります。

怒りの感情との付き合い方は、中堅以上の仕事をする上でとても大事です。部下を持てば、調整仕事が多くなれば、残念ながら怒りを覚えることも増えます。今から怒りを飼いならしていきましょう。

よい「叱り方」のポイント

最後によい「叱り方」のポイントをまとめておきます。

①間を置かずに②直接に自分で、③事実に即して④1回に1点ずつ叱ること。叱る際には⑤みんなの前は避けて、⑥サンドイッチ法で⑦期待を込めて叱ることです。

フィードバックは即時が基本であり（①）、「上司から」等の逃げは多くの場合マイナスになりがちです（②）。また、相手も憶測で叱られても納得できず（③）、あれもこれもでは嫌になりますし（④）。恥をかかされては素直に話を聞けません（⑤）。できている部分も多いのですから、最初にほめて、真ん中で叱って、最後にまたほめる話し方で伝え（⑥）、期待を込めることで自信喪失や不信感の拡大を防ぎます（⑦）。なお、きっぱりと叱って、後でグジグジ言わないことも大事ですね。

皆さんの周囲にはきっと「叱り方」の上手な人がいます。また、皆さん自身もよい「叱り方」をされた経験があるでしょう。それらを手本としつつ、実践と反省を繰り返せば必ずや上達します。

教える自分もグンと伸びる！

アンガーマネジメント

「怒る」と「叱る」を区別することが大切。それはわかっていても難しいものです。

怒りの感情は時に危険な状況をもたらします。そのため、1970年代から米国では怒りを予防し制御するための心理療法が研究・開発されてきました。それが「アンガーマネジメント」です。「怒る」と「叱る」を区別するために、ぜひ身につけておきたい考え方・スキルです。

重要なことは、怒りは「二次感情」であるということです。怒りの底には、ある感情（一次感情）があり、その結果、怒りという感情が生じています。このため、「怒り」を覚えたら、自分はなぜ怒りを覚えるのか、元の感情を捉えることがとても大事です。

新人・若手育成で言えば、相手への失望、さらにその底には相手への期待があるかもしれません。時には、自分自身の評価が下がることへの懸念や、自分の能力不足等を認めたくないという自尊心を守ろうとする感情の動きがあるのかもしれません。一次感情がわかれば、怒りの感情をただ相手にぶつけることの無意味さに気づくことができます。多くの場合、ただ信頼関係を損なうだけです。そして、怒りの感情は伝染して職場の雰囲気を悪くしてしまいます。

本文で紹介した「6秒ゆっくりカウントする」もアンガーマネジメントのスキルです。安藤俊介著『自治体職員のためのアンガーマネジメント活用法』（第一法規）等が参考になります。

5　「プロの手法」を学ぶ

中堅となったら、『人育て』についてもプロを目指さなければなりません。自治体職員として、私たちの給与は年功序列的に上がっていきます。若い内は先輩・上司に育てられ、中堅以降となったら新人・若手を育てる存在となることを当然に期待されているということです。「人育て」は、中堅以降の仕事と給与の一部なのです。

それでは、「人育て」のプロに求められるものは具体的に何でしょうか。また、どのようにそれを身につけていったらよいでしょうか？

「人育て」のプロとは

プロフェッショナルの原義は「宣誓する人」だとされます。

プロフェッショナルという言葉は、profess ＝宗教に入信する人の「宣誓」に由来し、やがて厳かな公約や誓いを伴うような職業を呼ぶようになったそうです。中世に存在した数少ないプロフェッショナルは、聖職者や学者・法律家・医者でした。医師の「ヒポクラテスの宣誓」は有名ですね。

つまり、高い職業的倫理観と専門的能力で社会に奉仕する人がプロです。「素人」相手に騙さない、手を抜かないことは、こうした職業や役割が社会的に役立つために不可欠だからです。

では、「人育て」のプロとはどういった人たちでしょうか。すぐに思い浮かぶのは、教師・コーチ・インストラクター等です。大事なことは、高い職業的倫理観と専門的能力を持つことです。

自治体職員における「人育てのプロ」の職業的倫理観とは、端的に言えば、新人・後輩の人権を尊重しつつ、職場において住民福祉の向上のために「人育て」を行うということです。新人・後輩にも人としての敬意を払い、その可能性を信じ続けることが出発点です。これを忘れると、いわゆるパワハラ・セクハラ・マタハラ（パタハラ）を行ってしまうことになります。

専門的な知識を得る

では、プロの能力とは何でしょうか。学者の学識と学術、弁護士の法律知識と弁論術、医師の医学と医術。プロには、必ずプロならではの知識と技があります。

「人育て」にも、教育学・教育心理学の研究と教育現場での実践とともに、経営学の中で研究されて実践の中で磨かれた、マネジメント・人材育成・組織開発の知見と技術があります。

こうした研究や実践に学んでいきましょう。多くの若手が、自分自身の経験と、わずかな研修で得た知識だけで「人育て」をしようとしているように感じます。それでは、奥深い「人育て」がうまくいかないのも当然だと言わざるをえません。

知識については、教育学・教育心理学・経営学・経営心理学に基づく手法について、本などから学びましょう。説明法、ＯＪＴ、コーチング、傾聴、目標管理、モチベーションマネジメント、組織開発、アドラー心理学等があります。そうしたキーワードでAmazon等で検索すれば、また本屋のビジネスコーナーに行けば、多くの本があるでしょう。ポイントは、３冊は読むこと。１冊目は入門書を、２冊目は古典を、３冊目には最新の研究を踏まえたものを読むようにすれば、その理論及び手法

れている専門書を読み進めていきたいと思えば、引用されている専門書を読み進めていきます。

プロの技を盗む

私たちが目指しているのは、職場での「人育て」の実践です。ですので、単に知識を学んでもそれだけでは役立ちません。実際に、その理論や手法を駆使しているプロの技を身につけることが不可欠です。

正式にその指導を受けることが一番ですが、なかなかそうした機会はないかもしれません。ですので、プロが実践している姿を観察して、真似をして、工夫しながら自分なりに身につける必要があります。そう、プロの技を盗む心構えで取り組むのです。

このためにまず大事なことは「人育てのプロ」を探すこと。なかなか身近にいないと思うかもしれませんが、ここが正念場。組織内に、近くの自治体に、そうした方がいないかを懸命に探すことです。

職場・組織を隈なく見ていれば、必ずどこかに知る人ぞ知る「人育て」の名人がいます。本当に「人育て」ができない組織はただ衰退するしかないのですから、皆さんの自治体にも必ず「人育て」のプロはいます。

もし、なかなか見つけられなかったら、研修に参加した際の講師を観察しましょう。注意を引き付ける導入、説明の仕方とその展開、考えさせる投げかけ、資料の内容と構成等に注目するとよいです。一定以上の水準の講師ならば、必ず何らかのプロの技を持ち、それを意図的に使っています。それを見て取るように努力する中で、目が鍛えられます。

見て取ったことを目に焼きつけて、必ず真似をしてみること。うまくいったことは続け、思うようにいかなかったことを工夫することで、いずれ自分の技として身についてきます。

教える自分もグンと伸びる!

押さえておきたい「プロの手法」

自治体の職場における「人育て」のポイントを一覧したいならば、高嶋直人著『公務員のための人材マネジメントの教科書』(ぎょうせい)を読むとよいです。「新人を育てる20の手法」、「部下を伸ばす50の手法」、「モチベーションを引き出す20の手法」の3章で構成され、それぞれの手法が簡潔に説明されています。そう、学ぶべき手法は90もあるのです。

もちろん、そのすべてを一気に身につけることはできませんが、自分が伸ばしたい手法を選んで、その手法についてのガイドを読み、背景にある理論や実践例を調べていきます。そして、その目で職場における「人育て」のプロを、または研修講師等の動きを追っていきましょう。

数多くのガイドがありますが、おススメは藤沢晃治著『「分かりやすい説明」の技術』(講談社)と山田直人ら著『部下育成の教科書』(ダイヤモンド社)です。前者によって「分かりやすい説明」とその技術は何かを明快に理解でき、後者によって後輩がどの段階にあるかのサインと対応法を知ることができます。その上で、実践を重ねることで「プロの技」が次第に身についてきます。

6　学び合う関係をつくる

中級編の最後は「学び合う関係をつくる」です。

学び合えば、相手の学びからも学び取れるため、その学びは倍にもなります。また、気持ちの上でも、身近に同じく学ぶ人がいれば、自分も安心できるし、励みにもなります。

新人・若手がどれだけ成長できるかは、実際のところ、学び合う関係を職場に、本人の周りにつくれるかにかかっています。特に、主体的・自律的に働けるようになるかは、育成担当者一人の働きかけ以上に、そうした関係性の中で育まれるものです。育成担当者がいない時間も学びになるからです。

では、どのようにしたら「学び合う関係をつくる」ことができるでしょうか？

「ひと声」を大事にする

まず、育成担当者が自分からできる働きかけは、職場での「ひと声」を大事にすることです。

「何かあったら、みんなに聞くといいよ」と新人・若手にアドバイスしたところで、シーンとした職場で、自分には関心がないように見える先輩たちに対して、新人・若手が自分から聞きにいくことはハードルが高いです。

だから、職場のメンバーに何かあるたびに「ひと声」を掛ける。職場のメンバーからも、育成担当者である自分に、そして、新人・若手に「ひと声」を掛けてもらう。それを出発点に「声掛け」を重ねていくことで、職場のコミュニケーションを高めていくことができます。

たとえば、隣の職場の職員が入ってきたら「こんにちは」と声を掛ける。新人・若手が「おはようございます」と挨拶したら、必ず「おはよう」とこちらも挨拶を返す。そうした、当たり前だけど忘れがちな「ひと声」を大事にしていきましょう。

それが、学び合う関係の土台となる「安心できる関係」づくりとなっていきます。くれぐれも、新人・若手に「何で自分から聞きにこないのか」などと言わないように。「わからなかったら聞いていい」と思える安心できる関係が職場にあるか、そこに目を向けてみましょう。

お互いから学び合う関係を

「ひと声」が新人・若手から先輩たちへ、先輩たちから新人・若手に掛け合うような職場となったならば、それを「学び」につなげていくステップとなります。

深く呼吸するには、まずは息を吐くところから始めよと禅では教えられると言います。呼吸と言うと、まず息を吸いたいと思うものですが、その逆から始めなければならないのですね。いっぱいの肺にもう息は入りませんからそれも道理です。学び合う関係をつくることも同じで、相手の気持ちや考えを吐き出させるところから始めなければ、相手の中にこちらの教えは入っていかないものです。

先輩・上司たちには、忙しくとも新人・若手の話を最後まで聴いてもらうようによく頼んでおきます。報連相では「結論から」と教えており、それはそれで大事です。しかし、それだけでは事務的なやりとりが効率化するだけで、職場を活性化し、学び合える関係をつくることはできません。学び合うためには、「話を聴いてもらえる」「本音を言っても大丈夫」という心理的安全性を職場で確立することが不可欠です。

新人・若手のちょっと上の若手たち…育成担当者である皆さんより少し後輩でしょうか…には、特によく言い含めておきましょう。その若手自身が一皮向けるきっかけにもなります。

「強み」を活かし合う職場へ

安心できる関係から聴き合う関係へ。聴き合う関係から学び合う関係へ。

それは、マズローの「欲求五段階説」に対応しています。安心できる関係は「生存欲求」に次ぐ「安全欲求」に対応しています。聴き合う関係はその上の段階の欲求である「愛と所属の欲求」に対応し、メンバーとして認め合い、コミュニケーションが取られる中で一体感がある職場が生まれます。しかし、それだけでは「仲良しクラブ」に陥ってしまう危険もあります。

このため、真に学び合う関係を築くためには、お互いの「強み」を認め合う関係を育てていくことが必要です。相手の「強み」を素直に認めるからこそ、それを学び合おうとするのですから。

そのためには、職場のメンバー一人ひとりの「強み」が、新人・若手に伝えられ、職場で共有されることが大事です。「経理のことは、Aさんが詳しくてね」「Bさんは、とにかく処理が速くて正確なんだ。見習うといいよ」と皆さんが自然に語ることが、職場での共有につながっていきます。

「学び合う関係をつくる」ことは、職場一人ひとりの「承認欲求」を満たし、「強み」を活かし合う「活力ある職場」をつくることそのものなのです。

そうした関係・職場をつくることができれば、育成担当者が事細かに教えようとしなくても大丈夫。いきいきとした職場づくりは管理監督職だけの仕事ではなく、新人・若手の指導・育成を軸に皆さんが築いていけるものだということを、ぜひその実践の中で感じてもらえればと思います。それが皆さんが中堅として活躍する上での財産となります。

教える自分もグンと伸びる！

「学習する組織」をつくる

学び合う関係を築き、活力ある職場をつくる。それは経営学では、マサチューセッツ工科大学経営大学院で上級講師を務めるピーター・センゲが広めた考え方「学習する組織」のことです。

「学習する組織」とは、「学習と成長の意思を有する人に成長のチャンスを与え、自らも学習して進化する組織」と定義されます。そして、①システム思考、②自己実現（マスタリー）、③メンタル・モデル、④共有ビジョン、⑤チーム学習の5つの学習領域（ディシプリン）があるとされます。

「学習する組織」の核心はシステム思考です。システム思考とは、端的に言えば、職場のメンバー一人ひとりや取り巻く環境等のすべてをシステム…個々の要素が相互に影響し合いながら全体として機能する仕組みとして理解することです。つまり、新人・若手の状態を職場全体のつながりから捉え直して、そのつながりを意識的につくることです。

なかなか難しい話ですね。ただ、ここでは指導・育成は主体的な職場づくりに通じていること、つまり、マネジメント能力を磨くことにつながっていることを押さえてもらえればと思います。

応用編　「人財」を愛する

1　それぞれの個性を愛する

「初級編」「中級編」を経て、いよいよ「応用編」です。

様々な個性と強みを持つ新人・若手を伸ばしていくためには、相手に一番よいように「応用」することが不可欠です。一人ひとりに合わせていく「応用」のポイントを考えていきます。

みんなちがって、みんないい

「みんなちがって、みんないい」。よく言われる言葉ですね。

ご存知かと思いますけれど、金子みすゞの詩「私と小鳥と鈴と」の全文は次のとおりです。

私が両手をひろげても、
お空はちつとも飛べないが、
飛べる小鳥は私のやうに、
地面を速くは走れない。

私がからだをゆすつても、

きれいな音は出ないけど、
あの鳴る鈴は私のやうに
たくさんな唄は知らないよ。

鈴と、小鳥と、それから私、
みんなちがって、みんないい。

この詩は「人は皆違っていてよい」というだけの内容ではありません。鈴と小鳥と私と、違うものが同じ世界にある、自分以外の誰かとともに世界は成り立っているという世界観があります。

仕事も同じ。決して一人ではできません。まして、私たち自治体職員の仕事は、市民がいて、関係者がいて、そして、様々な個性と能力がある職員がいて、初めて成り立っています。

誰もが「強み」を持っている

あなたがとても優秀だったとしても、みんながあなたのようであるべきということではありません。

100点の人材はいないけど、ゼロ点の人もいません。まして、自分が完璧ということはありえません。

たとえば、あなたは国語が得意だとして、あなたが指導・育成に当たる新人・若手は数学が得意になる人材なのかもしれません。国語の出来だけで、現在の数学の点数だけで、その新人・若手を評価してはその可能性を大きく損なうことになります。

また、強みは弱みと裏腹の関係だったりします。新人・若手が教えた処理をささっと行うことができないとしても、たとえば「慎重さを持っているのだな」と思い直すことです。そして、その慎重さを活かす指導をどう行うかを考えます。

自分が指導・育成する新人・若手は必ず何か強みを持っている。そう信じてその強みを探してみてください。なかなか見つからないとしても、「おお！ なかなかわかりにくい強みを持っているな」と面白がるぐらいでちょうどいいです（笑）。見つけられれば、あなたの引き出しも増えていきます。

人を「斬る」資格はない

育成担当者から見れば、指導する相手である新人・若手は、自分よりも一段低い存在に見えるかもしれません。指導してもなかなかできるようにならないと「能力が低い」と思ってしまいがちです。私も、自分のことを棚に上げてそう思っては反省しています。

たまに「あいつは使えない」「能力がない」と、自分が指導する新人・若手を「斬って捨てる」人がいます。しかし、それは「この程度の指導・育成もできない」と自分自身を斬っているのと同じです。

分限処分に相当するレベルであれば、所属長に報告して対処してもらう必要があります。しかし、そんな人は滅多にいません。なかなか難しい相手でも、基本レベルの実務能力を身につけさせ、その強みを伸ばすのが育成担当者、そして中堅以上の役割です

人は自治体の財産であり、それを大きなものとするために預かっている。だから、必ず強みを探して磨く。そう意識してみてください。私はそう思えるようになってから、反省する回数が減ってきま

した。係長以上となれば、与えられた部下を最大限に活かして仕事を進めるのが当たり前です。

教える自分もグンと伸びる！

様々な強みを理解する

誰もが、自分を基準に物事を考えがちです。人材が持つ様々な強みにしても、本人にとっては当たり前のことであり、なかなか気づかないものです。

そんなときに役立つのが、ギャラップ社の「ストレングス・ファインダー」です。ギャラップ社が40年にわたって行ってきた「人間の強み」に関する研究に基づいて見出した、人々に共通する34の資質を発見・説明するためのアセスメントです。現在は、ヴァージョン2・0がリリースされています。詳細は、トム・ラス著『新版　さあ、才能《じぶん》に目覚めよう』（日本経済新聞出版社）をご覧ください。

「ストレングス・ファインダー」の34の資質は、アレンジ、運命思考、回復志向、学習欲、活発性、共感性、競争性、規律性、原点思考、公平性、個別化、コミュニケーション、最上志向、自我、自己確信、社交性、収集心、指令性、慎重さ、信念、親密性、成長促進、責任感、戦略性、達成欲、着想、調和性、適応性、内省、分析志向、包含、ポジティブ、未来志向、目標志向です。

アセスメントを行うことで、これらの資質のうちの、自分のトップ5がわかります。私のトップ5は、①最上志向、②戦略性、③学習欲、④達成欲、⑤ポジティブだったのですが、ちょっと違う成果を出そうとする自分の傾向は最上志向に基づいていて、必ずしも他の人にはないものなのだということを理解しました（笑）。人それぞれの強みを理解するには勉強が必要です。

2　異性・先輩等への指導

人それぞれに合わせて指導・育成をしていく。その中で、若手の皆さんから「異性への指導が苦手だ」「先輩への指導が苦手だ」という相談をよくいただきます。私も、今でも得意ではありません。しかし、そうした場面には必ず直面するもの。最初に指導・育成を任された新人が異性の場合もありますし、後から異動してきた先輩に業務等を教えなければならないこともあります。

異性や先輩への指導だけでなく、将来的には、かなり下の年代の指導・育成に当たることになり、ジェネレーションギャップに戸惑うこともあります。どのようなことに注意したらよいでしょうか？

「自分と同じ」という誤解

異性や先輩等の指導育成が難しい。

そうした若手からの相談を受けて話を聴いていてよく感じるのは、「この人は、ほとんどの人は自分と同じように感じ考えて行動していると思っているのだな」ということです。

異性又は先輩等は、自分とは大きく異なる感じ方・考え方をするから、どう対していいかがわからない。だから難しい。その考え方を逆に言えば、同性・同年代・後輩については、暗黙の裡には「自分と同じ」だと思っているということです。

もちろん、そんなことはありえません。人は一人ひとり違うのですから。この誤解こそが指導・育成を難しくしている根本的な原因です。

私がかつて働いた職場では、国籍・組織・宗教・言語・文化が違う人たちと一緒に仕事や会議をすることがよくありました。しかも、メンバーの多くにとってはネイティブではない英語でコミュニケーションをとっていく必要があります。特に、私は「ナオの英語は、子ども並だなあ」とよく笑われているレベルでしたので最初は苦労しました（苦笑）。

しかし、拙い英語でも、仕事や会議では言葉に出して相手の考えを確かめ、こちらの考えをきちんと伝えようとしているうちに、そこに気持ちを乗せるコミュニケーションが段々とできるようになってきました。このため、市の職員に転職した当初は、打合せ等で専門用語や略語が多く使われていたり、判断の前提となる経緯等が省略されていたりして、戸惑ったのを覚えています。

まずは、一人ひとり違うという前提に立ちましょう。自分を相対化するよう意識していきます。

隙間に「橋」を渡す

自分と相手は違う。確かに、異性や先輩等の場合は特にその違いが大きく、理解するのは難しい場合もあるかもしれません。

たとえば、私にもこんなことがありました。私より後から異動してきた先輩職員の起案について「ここ、ちょっと違うんじゃないですか？」とミスを指摘したのです。そうしたら、その先輩は口をキッと結んで厳しい顔をしました。業務の基礎的な知識もないと指摘されたと感じ、プライドが傷つけられたためでした。もちろん、私にそんな意図はありません。

自分の言動を相手がどう感じるかを察して、相応しくそれを行う必要があるということですが、なかなか難しいものです。相手を傷つけたり、伝わらなかったり。失敗しながらも学んで少しずつできるようになってくるものです。ですので、結局のところ、場数を踏むしかありません。

そんなときに覚えておくべきことは、相手もこちらの感じ方や考え方をわからなかったりするということです。だから率直に「いま自分は○○というつもりで話したのだけれど、もしかして○○と受け取りましたか？」等と聴きながら、お互いの隙間に橋を渡すつもりで話していくと通じるものです。

人として尊重する

この項目のタイトルを見て、皆さんは「先輩指導」「異性指導」の魔法のようなコツを教えてくれると思ったかもしれません。その期待に応えられず恐縮ですが、そうしたものはありません。私も、そうした「わかりやすいやり方」を書いた本を読んで試した経験があるものの、役に立たなかったどころか、かえってタイプやパターンの決めつけをして状況を悪化させてしまったことがあります。

もちろん、脳医学の急速な進歩による性差の解明などもあります。しかし、数年前に広まった考え方が実は違っていたということも多々あります。何より、人の個性や生い立ちは様々なのです。当たり前のことなのですが、痛い目に遭ってようやくそれを思い知りました。

いろいろと思うようにいかない中で学んだのは、そうした暇があるならば、目の前のその人本人を尊重する、ちゃんと向き合って理解・共感に努め、伝える努力をするということでした。そうすれば、たとえ誤解やズレがあっても、向き合う中で解決して信頼関係を築くことができます。異性かどうかより人として、また、先輩には人生の先達として敬意を払って接することが大事です。業務の能力では、相手が自分より少し劣ると感じたときこそ、なおさらにそれを思い出してみてください。

教える自分もグンと伸びる！

セクハラとパワハラを理解する

異性や異なる年代への指導・育成で、必ず押さえておきたいのはハラスメント対策です。

セクハラとは「他の者を不快にさせる職場における性的な言動及び職員が他の職員を不快にさせる職場外における性的な言動」です。パワハラとは「職員に精神的又は身体的な苦痛を与える言動」で「職務に関する優越的な関係を背景に行われる」かつ「業務上必要かつ相当な範囲を超える言動」かつ「職員の人格や尊厳を害し、又は職員勤務環境を害するものとなるようなもの」とされます。

今どき「男だから」「女だから」できる／できないと言う人はいないと思いますが、そう心の中で感じることはあると思います。正直に言うと、私にはあります。けれど、そうした自分を相対化しながら、それが相手を不快にさせないかを考えることが必要なのだと学びました。そういう風に感じることはないという人ほど危ないのです。パワハラについては「職務に関する優越的な関係」は、相手が先輩や上司であるかを問いません。あなたの支援がなければその先輩は職務を遂行できないならば、あなたは優越的な関係にあります。

高嶋直人著『公務員のためのハラスメント〝ゼロ〟の教科書』（ぎょうせい）の一読をおススメします。

3 「問題職員」に対処する

後輩や部下の指導・育成をする中では、いろいろと課題の多い「問題職員」を預かることもあります。人柄や能力は人それぞれですし、背景に病気等の困難を抱えている場合も多くあります。そうした職員をフォローしないといけないと頭ではわかっていても、「何で自分が」と思ってしまいますよね。ただ、実はきちんと取り組めば、育成能力やマネジメントの力が大きく磨かれる機会なのです。前向きに取り組んでみましょう。その姿を上司や人事もよく見ています。

決めつけずに話を聴く

納税課長だったときのことです。

「問題職員」とまではいきませんが、複雑な課題を抱えている職員が異動してきました。そのとき、M係長は思い切ったことをしました。自分の席をカウンター近くのその職員の隣に移したのです。その後、M係長の指導のもとで、その職員は様々な課題を抱えながらも、自分なりに頑張って業務を覚え、こなしてくれました。係長に話を聴くと、「決めつけないで話を聴いて、話の内容によってアドバイスをしています」とのことです。

文章で書くと当たり前のことに思えるかもしれません。しかし、これは大変なことです。なぜならば、以前の評判等による先入観で相手を見てしまい、「教えてもできるようにならない」「意欲・能力が足りない」等と決めつけてしまいがちだからです。M係長には、本当に感心しました。

具体的に業務や職場のコミュニケーション等で支障を来してきた、また現在、何らかの「問題」を起こしている「問題職員」となれば、なおさらのことです。何らかの原因があって当たり前のこともできなくなっている訳ですが、指導する側のあなたはそれを普通にできているでしょう。ですから、その原因を理解することは簡単ではありません。国語が得意な人には、国語が苦手な人の気持ちやつまづくポイントはわからないものです。

まず、その自覚を持って、決めつけずにフラットに話を聴く。すべてはそこからです。

「課題」を明確にする

話を聴いていくと、その問題の原因が見えてきます。

先の話の場合、たとえば、ダブルチェックの仕方とか、報連相のタイミングとかに課題がありました。前の職場ではそうした指導はなかったと、本人は言っていました。指導の有無はともかく、身についていなかったのです。

だから、本人なりにやったつもりでも、ミス等につながってしまうのでした。また、自分でやりきるのが責任と思っていて、その姿勢はよいのですが報連相が不充分なため、齟齬が生じやすいのでした。M係長は、本人からの話をもとに確認や相談のタイミング等をアドバイスしていました。

「問題職員」の場合、いろいろな事情があるとしても、十分な指導が行われていない場合が少なくありません。途中で職場もあきらめてしまい、放っておくというか単純な仕事を割り当てがちです。その結果、本人はその課題に気づかず、直そうとはしません。だから、「問題」がより大きなものとなってしまう、そんな悪循環にある場合が少なくありません。

決めつけずに話を聴き、本人が何を理解して、どのような姿勢・考え方を持ち、そして、スキルは何をどの程度身につけているか。そこを把握して、課題を浮き彫りにしていきましょう。表や図に整理して「見える化」しながら、本人と話し合えると効果的です。

できていることを認める

「問題職員」は、プライドが高く、自分のミスを認めなかったりします。

また、ミスを指摘されると謝りますが、その割に次も同じ誤りを繰り返しがちだったりします。どうしてそうなるのかを観察すると、それは「問題職員」と決めつけて「全部ダメだ」的な叱り方をされてきたからという場合が少なくありません。本人は、そうした扱いを長年受けています。

「問題職員」とされていても、採用試験を突破してきた人材です。指示したようには仕事をできなかったとしても、まったくできていない訳ではありません。大部分は理解していて、一部に課題があるものです。また、叱られ慣れしていて、注意しても流そうとしてしまう場合もあります。

このため、課題について指導する場合も、「○○まではちゃんとできていますね」等と、まずできている部分を認めること。取り組んだ姿勢を認めることです。その上で、「○○の手順は○○でしたか？」等と、自分の行動を振り返りつつ、課題に気づくように問いかけていきます。

「問題職員」は、職員が抱える課題のデパートみたいなものです。だから、一人への指導で十人分の課題に向き合うぐらいの経験になります。そして、ちゃんと向き合えば、そういう機会に恵まれてこなかった分、感謝してもらえます。大変ですが得るものは多い。そう思ってみてください。ただし、こまめに上司に報告し、相談しながら進めること。もし、「問題」が大きすぎる場合には、職場ぐるみの対応が必要になります。指導記録をきちんと取っておくようにしましょう。

教える自分もグンと伸びる！

解決志向アプローチ

「問題職員」への対応では、解決志向アプローチを知っておくと役立ちます。

解決志向アプローチとは、スティーブ・ド・シェイザーとインスー・キム・バーグらにより開発された心理療法の理論です。問題とその原因及び解決に注目していた従前の手法に対して、解決志向アプローチでは解決に役立つ能力・状況等の資源に焦点を当て、その有効活用を目指していきます。

「問題職員」の相手をしていると、その独特の考え方や意欲・知識等の不足、そして、コミュニケーションの難しさ等にいらいらさせられることが多いですが、そうした部分も含めてその人なのです。ある意味でバランスが取れてしまっているため、欠点だけを簡単に直すことはできません。

しかし、よく観察すると、もちろんできていること、持っている知識・能力等がある訳です。そこを認めて、広げていく。うまくいっていることを見つけて、それを増やしていく訳ですね。

たとえば、よい声だから朝礼の掛け声を頼む。処理は正確だから確認役にする。そうした働きが職場で認められる中で「問題職員」本人にとっても自信が生まれ、居心地がよくなってきます。

4「エース」の育て方

新人・若手の育成に当たる中では、将来を期待される「エース」候補を預かることもあります。意欲満々な人。能力は高いが控え目な人。一口に「エース」候補と言っても様々ですが、将来を担う人財として大きく育てること、その基礎を築くことを期待されているのは同じです。

「エース」候補は、あなたとは違う強み・可能性を持っています。自分以上の逸材を育てるために、気をつけるべきことは何でしょうか？

その「元気」を可愛がる

将来を期待される「エース」候補たち。まだ若き「エース」候補の多くは、大きな可能性が期待され、本人もその自覚・自負を持って仕事に励んでいます。

「エース級の新人を預かったのだけど、言うことを聞かなくて困っているんだよ」。

ある年配の職員がそう嘆いていました。採用試験では抜群の成績・評価だった意欲溢れる新人なのだそうです。意欲が高いのはよいのですが、地道な事務処理についての自分の指導はあまり聞かず、係をリードする係長級職員の方ばかり向いているのが、不満なようでした。

地道な業務をしっかりこなすことの重要性を理解させるということも大事ですが、「エース」育成特有のポイントがあります。私も受けた経験がありますが、血気盛んな「エース」候補にとっては、育成担当者である自分は「取るに足らない先輩」に見えるということを理解することです（笑）。

自分を軽く見られたようでプライドに触るかもしれませんが、そこはグッと我慢。「エース」候補の抜群の意欲と能力は、その「高い意識」に支えられています。むしろ、その「生意気さ」を大事にして、「元気でいいね」と可愛がりつつ、自分のできる指導・育成に当たることです。下手に叩こうとしても反発されるだけです。上司も、あなたの器量の狭さに失望することになるでしょう。

「エース」候補に限らないことですが、新人・若手には、自分とは異なる可能性があります。将来、自分以上に重要な役割を果たす人材が必ずいますし、そうでなければ組織は発展しません。今は低く見える若木が、自分を追い抜く大木に育っていく。それを楽しみにしたいですね。

「裁量」と「枠」を明確にする

若き「エース」候補を育てるには、その「高い意識」を大事にする。それが基本ですが、気をつけないといけないことがあります。それは「逸脱」です。

「ディレールメント」（脱線行為）という言葉がありますが、「逸脱」によって、若手自ら「エース」への道から外れてしまう、残念なケースが散見されます。

ある自治体でこんなことがありました。熱意あり能力が高く将来を期待される若手に、新事業の立ち上げを任せました。本人は積極的にその仕事を進めましたが、係長が忙しそうだったので相談せずに他の部署や関係団体と調整に駆け回る中で、勝手な判断をして強引に話を進めて、相手に多大な迷惑をかけてしまったのです。

報連相ができていない。そうその若手を断罪するのは簡単ですが、私からすれば、悪いのは係長の方です。熱意があり能力が高いからこそ、任せた範囲を超える「逸脱」の危険が大きいのです。任せる範囲とルールをあらかじめ示しておくことが不可欠でした。

この場合で言えば、調整をある程度任せるとしても、「調整はこの範囲を目指すこと」「相手との打合せの結果は、その度ごとに当日中に報告すること」「まとめの場面では必ず係長が同席して、決定はそこで行うこと」等を指示しておけば、このようなことは起きず、仮に起きたとしても、すぐにフォローをすることができたはずです。

「指導者」を見つける

自分以上の能力・可能性があると感じたら、大事なことは「指導者」を見つけることです。

虎の子を育てられるのは成熟した虎のみ。猫が虎を育てるには限界があります。「エース」候補を「エース」に育てられるのは、やはり「エース」です。基本的な部分の指導・育成は自分が行いつつ、「エース」候補の強みを最大限伸ばすところは、相応しい「エース」に頼んでみてもらうようにすると効果的です。「エース」候補のモチベーションも高いものになります。

ポイントは、その「エース」候補と相性の良い「エース」を「指導者」とすること。大きな強みを持つ「エース」たちは、それゆえ個性豊かな人たちだったりするため、相性の問題が大きいからです。

あなたが、その職場である分野の「エース」であるために、「エース」候補の指導を任された場合も注意してください。知識・技術は指導できても、価値観・働き方が異なる場合があります。その場合には、別に「指導者」を見つけて協力を頼み、役割分担しながら進めるとよいです。

教える自分もグンと伸びる！

ディレールメント

「ディレールメント」（脱線行為）は、アメリカで研究された概念で、その名のとおり、期待されたエリートが引かれていた線路（キャリア）から自ら脱落していくことです。

ディレールメントの難しさは、それがコンピテンシー（高い業績を上げる人の行動特性）の裏返しであるということにあります。たとえば、「ブレない判断ができる」というコンピテンシーも「人の意見を聞かずに自分の判断を押し通す」という問題行動につながりやすい面があります。

研究の中心的人物であったマイケル・ロンバードは、①強みが弱みになる、②見えなかった部分が状況の変化で問題になる、③成功によって傲慢になる、④実力があっても不運によって脱線すると指摘しています。

自信が傲慢さに、情熱が感情のムラに、分析力が消極性に、批判力が否定的な態度に、冷静沈着が無関心に、勤勉さが完璧主義に、気遣いが八方美人につながりがちです。これらを乗り越えるためには、他者からのフィードバックが不可欠です。セルフマネジメントも大事ですが、ディレールメントは自己統制力の強い人でも起きる現象であり、それだけでは克服は難しいことに注意が必要です。

このため、「高い意識」を持つ「エース」候補への、同じような強みを持つ「エース」からの経験を踏まえたフィードバックは、ディレールメントを予防するためにも必要なものです。

5　メンターになる

「応用編」の最後は「メンターになる」です。

自治体職員としての人生を豊かで実りあるものにするためには、メンターはとても重要です。

メンターとは「仕事や人生の助言者」。単なる育成担当者を超えて、若手から見習いたい存在とされることは、あなたが真に人を育てる人となった証でもあります。「人育て」の究極の形であるメンター、そうあるためには何が大切でしょうか？

若手の「声」に応える

メンターとは「仕事や人生の助言者」とされますが、本質的には、お手本（ロールモデル）です。日本語の「師」に近く、教えてもらう以上に、お手本として真似る・学ぶ対象です。

「ロールモデルがいない」「見習いたい人が身近にいない」。そうした若手の声は切実です。もちろん、人それぞれに目指すものは違いますから、私たちが完全なお手本にはなれないとしても、何かの手本があることは伸びようとする若手にとって心強く、参考になるもの。若手の「声なき声」に応えたいですね。

この点は、メンター制度においてメンター役となった場合でも同じことです。「見習うべき人が身近にいてほしい」という若手の「声なき声」に応えて、手本であるように努める。それが一番大事なことであり、それを重ねるうちに、だんだんと本当にメンターになっていくのだと思います。

「できること」を惜しみなく

あなたが後輩や部下から、「○○さんが、私のメンターです」「メンターになってください」と言われたら、何をしたらよいでしょうか。

私にもそう言ってくれる奇特な若手が現れたとき、どうしたらよいかとても迷いました。それで、実際に私がメンターと尊敬する方々に聞いてみました。皆さん、「いつもどおりに、できることをするだけだよ。ただ、惜しみなくね」と仰います。

背伸びをして無理を重ねても続きませんし、そのメッキはいずれ剥がれてしまいます。それよりも、欠点も含めた自分自身をいつもどおりに。もちろん、欠点を直す努力はしますが、飾るのではなく、等身大の自分で、自然にしてあげたいと思うことをすることだと気づかされました。

メンターによる育成法であるメンタリングの定義は「メンター（先輩）とメンティー（後輩）が楽しみながら、自由に対話をし、共に成長すること」（日本メンター協会）です。「自由な対話であること」「楽しめること」「共に成長すること」がポイントとされます。「デキる」自分を見せるのではなくて、仕事と対話を楽しみ、学び合う姿こそがメンターの影響力の源泉です。

その上で、「惜しみなく」という姿勢が大事だと思っています。特に、最初のうちは、それを意識するとよいです。と言うのは、飾らず自然にしようとすると、今度は遠慮してしまいがちだからです。

最初は、ちょっとお節介なぐらいでちょうどよいです。そのうち、相手の主体性を活かせる距離感、相手の個性や能力に合わせた間合いがつかめてきます。ちょっと口を出し過ぎたかな、少し放っておき過ぎたかなという失敗もする中でわかるようになるものです。遠慮したままでは、いつまで経ってもつかむことはできません。「ああしてあげればよかったかも」と後悔が積もるばかりです。

メンターを育てる

メンターによる学び合う関係は、個別の指導を超えた、言わば究極の人財育成です。

そうした関係が多くの職場で築かれ、より広く深いものになれば、仕事はより楽しいものになり、組織も豊かに発展していきます。メンターを育てることは、とても重要です。

いま、あなたをメンターとして学ぼうとする若手は、将来、メンターとなっていきます。メンターに学ぶ意味を知り、その姿を目に焼きつけているからです。あなたがメンターとして若手の成長に関わることは、将来のメンターを育てることにつながっています。

学び合う関係を築く経験は、将来に向けてとても大きな財産となります。管理職となれば、直接に新人・若手を指導することは稀であり、係長・主任を若手に、若手を新人にあてて、学び合いながら育っていく関係を職場の中に築いていく、間接的な育成が主となるからです。

ぜひメンターになってください。そして、次代のメンターを育ててください。その経験が、その営みが、仕事を職場を組織を、そして私たち自治体の世界を明るく実り多いものにしてくれます。

そして、あなたが辛いときには、誰かのために頑張れたその経験が、きっと大きな支えになります。

教える自分もグンと伸びる！

メンタリング

メンタリングとは、メンターによる一対一の人材育成手法です。

ボストン大学マネジメント・スクールのキャシー・E・クラム教授は、キャリア発達を促進する人間関係としてメンタリングの重要性を指摘し、メンタリングには「キャリア的機能」と「社会的・心理的機能」があるとしました。

「キャリア的機能」とは、組織における上位者が仕事のコツや組織の内部事情を教えることで将来への備えを促す機能とされます。「心理・社会的機能」は、専門家としての姿勢や考え方を高める導きを指し、相互の信頼と親密さを増すような対人関係によって生まれるとされます。

メンタリングは、メンター（先輩）にも自分の過去を再評価し、自分の能力への敬意や自信を獲得できるため、メリットがあるとされます。私自身の経験としても、若手が直面する課題は自分が経験したものと異なる面があることから、異なる視点から自分の経験を見つめ直すことができました。自分にとって当たり前のことが貴重な経験であったり、逆に自分にとって特別だと思っていた経験に共通するものを見出したりすることにつながります。

メンタリングの基礎を学ぶには、渡辺三枝子ら著『メンタリング入門』（日本経済新聞出版社）がおススメです。自分と後輩を大きく成長させるために。メンタリングを学ぶ意義は大きいです。

終章　「若手の壁」を越えるために

《1》自治体職員の段階《ステージ》

本書は、自治体職員が新人・若手育成をうまく進めていくためのガイドです。ただ、指導・育成を、若手から中堅への成長全体につなげていくことを強く意識しています。

職員は、皆さんのように入庁後数年で新人・若手育成に取り組むようになります。しかし、それが大変なのはなぜでしょうか。本書をここまで読まれた皆さんにはおわかりのとおり、その本質は育成担当者自身の若手から中堅への新たな段階への移行と重なるからです。その中で、新人・若手育成が課題となるのであり、その中で学ぶことが若手から中堅への移行を実りあるものにしてくれます。

自治体職員としていきいきと自分らしく働き続けていくためには、自治体職員のキャリア（仕事と人生の道筋）にどのような段階があるかを理解しておくことが大事です。それぞれの段階をよりよく越えていくにはどうしたらよいか、そのためには何が役立つのか、その大体のところがつかめていれば、事前に備えもでき、いざそのときになっても混乱なく自分なりに進んでいくことができます。

段階については、２つの観点から理解する必要があります。その1つ目の観点は、職層です。主事・主任・係長・課長等の職層は自治体における正式な役割であり、その義務や能力等は職員の服務に関する規程と人材育成基本方針で定められています。そこを手掛かりに、主任と係長、係長と課長には、その役割と求められる能力等にどのような違いがあるかを理解しておくことが大事です。

その上で、キャリアの観点も重要です。たとえば、同じ主任でも30歳と50歳では、本人の組織における状況や役割が大きく異なるからです。次の3つの考え方を押さえておきたいところです。

第一は、「日本型キャリアデザインの方法」（大久保幸夫）です。日本の企業人の働き方は、押し寄せる仕事の激流をこなしながら基礎力を身につける「筏下り」を経て、自分の専門力を高めていく「山登り」へ至るとされます。

第二は「キャリア・サイクル」（エドガー・H・シャイン）です。正規の貢献メンバーとして認められる「キャリア初期」、専門性を高める「キャリア中期」の後、危機的な状況（キャリア中期の危機）を経て、「キャリア後期」には「非指導役」「指導役」の2つの道に分かれるとされます。

第三は「トランジション・デザイン・モデル」（リクルート・マネジメント・ソリューションズ）です。一般社員には①Starter（社会人）、②Player（ひとり立ち）、③Main Player（一人前）、④Leading Player（主力）の4つの段階があり、それらを経て⑤マネジャーか⑥スペシャリストへ進むとされています。

《2》「若手の壁」を越える

自治体職員の皆さんから延べ1千件以上の相談を受ける中で、その多くは2つの問題につながっていると考えるようになりました。その一つが、年齢ならば30歳前後、入庁5年目から10年目ぐらいの職員がぶつかる「若手の壁」です。

入所3年目ぐらいまでに、ほとんどの若手は与えられた業務を、一通りこなせるようになります。「トランジション・デザイン・モデル」でいう、Main Player（一人前）です。本人としては十分な仕事をしているつもりになりがちですが、与えられた業務のほとんどは基本的なものです。

しかし、職場にはより高度な業務がいくつもあります。先輩・先任者たちが異動していく中で、それが若手にも回ってきます。職場の要として、上司を補佐して後輩をフォローすることも求められるようになります。

こうして、本人の思いや働き方と周囲・職場の期待の間のギャップが大きなものとなりがちです。本人は同じくは頑張っているつもりでも、入庁10年目になっても入庁3年目の職員と大差ない仕事をしていれば、本人としても苦しいし、上司や職場からの目も厳しいものになるのは致し方ありません。

職層としては主事から主任へ。主事のままだとしても、入庁10年目に相応しい職場の要として。「日本型キャリアデザインの方法」で言えば、いよいよ自分なりに専門性を高める「山登り」へ。「キャリア・サイクル」では、「キャリア中期の危機」に備えつつ専門性を高める「キャリア中期」へ。「トランジション・デザイン・モデル」で考えれば、職場とチームをリードできる存在である主力（Leading Player）へ。そして、ライフステージとしても、結婚・出産・育児等に伴う役割の変化の中で、仕事との調和を保てる存在へ。この大きな役割と段階の変化に対応できるか、それが「若手の壁」の正体です。

問題は、こうした大きな変化も、与えられた仕事をこなすだけは見えにくいことです。本人としては、今までどおり頑張っているのに仕事は大変になるばかり。やる気は出ないし、上司等も理解・評価してくれないと不満を覚えがちです。しかも、上司等から「若手の壁」に対する適切な指導や支援が受けられない場合も少なくありません。このため、自分から対処する心構えが成否を分けます。

サインはあります。主任の肩書がつく、新規事業やリーダー的な仕事が与えられる、メンバーからの相談が増える、上司から意見を聞かれる等です。こうしたことがあったら、その期待に応えるようにすればそれが答えになります。大丈夫。上司も、あなたならば努力すれば解決できる課題を振っているはずです。仮にうまくいかなかったとしても、それがよい反省材料になり、飛躍の種になります。苦しい中で得た知識・技術・経験・信頼関係こそが、将来大きく役立つことが多いものです。

特に、この後に述べる「中堅の危機」を自分なりに乗りきれるかは、「若手の壁」を乗り越えたか、その中でどのような自分なりの武器を手に入れたかに大きく左右されます。「若手の壁」は、自分らしい働き方を手に入れるための試練と考えて、ぜひ逃げずに向き合ってください。「若手の壁」を越えるための経験の多くを、新人・若手指導から得ることができます。

《3》「中堅の危機」に備える

自治体職員として働く中での大きな問題。その2つ目が「中堅の危機」です。

「中堅の危機」には、年齢ならば40歳前後、入庁15年～20年目ぐらいの職員が直面します。実際には早い人では35歳ぐらいから、遅い人では50歳を過ぎてもこの危機の中で苦しむ人がいます。私も、まだ完全に抜け出したとは言えません。

この時期には加齢による身体的変化・家族ライフサイクルの変化・職場での変化等が原因とされ

る、中年期特有の心理的危機に見舞われるとされます。いわゆる「中年の危機」です。「キャリア・サイクル」では、この時期に「キャリア中期の危機」として、現状維持かキャリアを変えるかの課題に直面するとされます。人生の後半に入る中で、厳しい心理的葛藤に陥る場合があります。

こうした一般的な危機に加えて、自治体職員の場合にはその職業・職場特性から、中堅としての役割を果たそうとする中で厳しい局面に陥りやすいと感じています。このため、この時期特有の問題を私は「中堅の危機」と呼んでいます。

自治体職員には「やりがいや成長を実感しにくい」「専門性を確立しにくい」という職業特性があります。前者は、ほめられることが少ない職場風土や、業務委託等で現場が遠くなる中で事業運営や制度構築をしなければならない等の業務特性によります。後者は、定年まで続く幅広い分野への異動、同質性が強く求められる風潮や減点主義が強い人事評価等によります。特に、管理職・専門家として求められる態度や能力を若いうちから身につけていく機会が、ほとんどありません。

このため、他の職業と比べて自治体職員は管理職か専門家かという選択が難しく、選択しても長期間にわたっての役割を果たし続けることには大きな困難が伴います。その結果、リーダーシップやマネジメント能力を身につけて管理職として働くことも、貴重かつ卓越した専門性を確立して活躍していくこともできないままに40代以降を過ごしていくことになりがちです。

しかも、自治体の仕事は大きく変わっています。ＡＩ等によって、今後はその変化はもっと大きなものとなるでしょう。その中で、新たなことを学ぼうとしない中堅は職場の要としての立場を維持することができません。いつの間にか職場の「お荷物」とされ、職場での居心地も大きく悪化することになりかねないのです。そうした先輩たちを皆さんも見たことがあるのではないでしょうか。「中堅の危機」に陥らないためには、マネジメント能力を磨いてチームで成果を出す管理職志向か、特定分野における貴重かつ卓越した専門性を確立する専門家志向の道を目指すことが基本となります。いずれの場合も、そのように活躍している人をよく観察し、その一端となる経験を実際にやってみることが、選択と実践に役立ちます。

特に管理職となることについて、よく知らないまま避ける傾向が見受けられます。就職におけるインターンのように、やってみることで理解できることは多々あります。自分が向かないと思っていたことも、やってみたら楽しかったりします。このため、私はちょっとそうした経験を真似してみる「ちょいマネ経験」をおススメしています。チームで成果を出す責任を負う経験をしてみるのです。小さなレベルでは、飲み会の幹事にもそうした意味があります。予算の範囲で参加者全員が満足する会をしっかりと行うことは、マネージャのやりくりに通じます。プロジェクトのリーダーを務めたり、趣味や地域の活動で責任ある立場をやってみるのもよいでしょう。

与えられる仕事をこなしているだけでは、そうした経験を積み、実際に経験したことをヒントに考えてみる機会はなかなかありません。実際に、若いうちから模索を重ねることが力になります。

たとえば、管理職志向であれば、自分自身が実務を行って成果を出すよりもチーム全員で大きな成果を出したり、チームのメンバーが成長することにやりがいを感じられることが大事です。それがなければ、面倒事を持ちかけられる毎日にしか見えないでしょう。専門家志向であれば、誰も見ていなくても庁内随一の知識と技術を磨き続ける職員気質と、それを組織のために活かそうという高い意識がなければ、どこかで組織にとっては害である「専門馬鹿」となり、その技術も時代遅れになってしまいます。管理職志向と専門家志向のどちらにせよ、相応しいマインドセット（心構え）を自分の中に育てていることが、その働き方が自分にとって納得できるものであり、組織にとっても有用であると認められるために不可欠です。

なお、管理職・専門家としての気質・能力を磨くことができないまま、職場の居場所等を失う「中堅の危機」に直面しそうになったらどうすべきでしょうか。「ベテラン」（熟練者）を目指すことになります。経験を知恵に変えて職場に貢献する第三の道です。上司の意向や組織の方向を深く理解し、経験不足の若手を支援するフォロワーとしてプロになるということです。自治体職員の仕事と働き方が大きく変わる中では、過去の経験のすべてが活きる訳ではありません。「ベテラン」として、自分らしく働き、職場に貢献するためには、豊かな人間性による気働きと自己研鑽が不可欠です。

《4》自治体職員は素敵な職業！

「若手の壁」に「中堅の危機」、自治体職員として働くって大変そうだなと思いましたか？そんなことはないです。どんな職業でも、現在のような変転の激しい社会経済の中で、自分らしく働くことは大変ですし、一方で、だからこそ自分らしく働いていけるチャンスがあるのですから。

むしろ、私たち自治体職員は、育児にせよ介護にせよ、人生が仕事に活き、人生が仕事に活きる素敵な職業です。仕事と人生を掛け算して豊かに働き生きることができる、それが自治体職員のキャリア（仕事と人生の道筋）の本質であるはずです。

しかしそのように年齢を重ねる中で、いきいきとその人らしく豊かに輝いている、そんな職員は多くはないように見えます。少なくない職員が、経験を重ねる中である種の「働きづらさ」と「生きづらさ」を抱えながらそれに慣れて、つまらなそうに働くようになってしまっているように思います。

ある年配の職員が、私に語ってくれました。「入庁当初はやる気に満ちていたはずが、いつか目の輝きが失せて、今は仕事にやりがいは感じられない。いつの間にか仕事なんてそんなものだと諦めている自分がいる。どうしてこうなってしまったのだろうか」と。

私なりの答えは「一人前となったところで止まってしまったから」です。新人から若手へ、必死に仕事を覚えた。そうして仕事ができるようになることに手応えを感じていた。それは大事なことです。しかし、問題はその後です。そこで止まってしまえば、本人のやりがいと能力はそれ以上は育たず、職場・周囲からの期待からの乖離も大きなものになっていきます。そして、徐々に働きづらさを抱えるようになってしまうのではないか、それが数多くの相談をいただく中での私の「仮説」です。

では、どうすればよいのでしょうか。「他者のために働く」こと、そのように自らのやる気と能力を育てていくことです。当たり前と言えば本当に当たり前のことですが、やはりこれこそが「暮らしと地域を支えるエッセンシャルワーカー」である公務員、自治体職員の原点なのだと思います。

中堅以上の自治体職員のキャリアにおいて特に重要なことは「他者のために働く」自分を磨くこと。そうです。だからこそ、新人・若手育成は「若手の壁」を越える上で大きな財産となるのです。

この壁を正面から乗り越えた経験が「中堅の危機」に向き合うときに活きてきます。

自治体職員として長く働く中では、「若手の壁」と「中堅の危機」以外にも、様々な転機が訪れます。一般的な転機としては、①就職、②異動、③昇任、④退職、⑤人間関係、⑥出産・育児、⑦介護、⑧病気等があります。

確かに、これらの転機は「しんどい」ものです。それにより、危機的な状況に陥ることも少なくありません。しかし、転機こそは自分らしくなる大事な機会なのです。転機とそれへの向き合い方について書かれたウィリアム・ブリッジズ著『トランジション』（パンローリング）の帯の推薦文に「転機や節目は、しんどいが、ここを越えるたびに、本当の自分が見えてくる」と神戸大学大学院教授の金井寿宏先生が書かれています。苦い味ではあっても、それも自分の人生の味なのだと思います。

繰り返しになりますが、自治体職員は仕事が人生に活き、人生が仕事に活きる素敵な職業です。仕事と人生を掛け算して豊かに働き生きることができる、それが自治体職員のキャリア（仕事と人生の道筋）の本質です。経験と年齢を重ねる程に、より豊かに働き生きることができるはずです。そのためには「他者のために働く」という公務員・自治体職員の原点に立ち返ること、そのように自分のやる気と能力を豊かなものに育んでいくことが大事です。自分なりに仕事ができるようになったとき、「日本型キャリアデザインの方法」でいう「筏下り」から「山登り」に向かい始めるときに、新人・若手育成はそれを思い起こさせてくれる貴重な経験となります。

ぜひ新人・若手育成に全力で取り組んでみてください。それが、あなたの自治体職員キャリアの次なる飛躍を準備してくれます。まさに「情けは人のためならず」ですね。

おわりに～「人育て」が拓く新たな未来

「最近、仕事が楽しくなってきました！」

輝くような、ある若手の笑顔が目に焼きついています。

正直に言うと、それはただの思い付きでした。「仕事が大変な上に新人の指導担当だなんて。もう転職しようと思う」と語るその若手に、「いま君に放り出されたら、その新人だって困るでしょ。1年間だけ頑張ってみなよ」と言ったのは。退職を引き留めるための方便だったのです。

しかし、それから1年間。新人育成に励むその若手を見つめているうちに、「人育て」の大切さ、素晴らしさ、奥深さに改めて気づかされることになりました。

最初はあまり気乗りしない感じだったのに自ら学び工夫して、新人と対話を重ねながら育成に当たる中で、その若手は本当に大きく変わりました。昔のことなんて忘れたように、今では「自治体職員は天職だ」なんて言っています（笑）。たまたまその若手の上司である方とも親しかったのですが、最初は「優秀だがあまりやる気のない若手」という評価だったそうです。今では「意欲的で仕事を任せることができる有望株」に見違えるように成長して嬉しいと、上司の方も語っていました。

それは、ちょうど月刊『地方自治職員研修』（公職研。現在は休刊中）での連載「教える自分もグンと伸びる！　はじめての新人育成」が終わる間近の２０１８年のことです。そこから、新人・若手育成とはどういう仕事か、どのような知識や技術が役立つかと、それが自治体における若手の成長に、自治体職員として豊かなキャリア（仕事と人生の道筋）づくりに、どのような意味を持つのかを、私は改めて模索していくことになります。

小金井市職員として働く傍らで、キャリアについて学び始め、２０１８年10月にキャリアコンサルタントの国家資格を取得するのですが、そのきっかけとなる出来事の１つでした。

「はじめに」に書いたとおり、本書は忙しい中で新人・若手育成を進めるための実践的なポイントとともに、業務とチームをリードする中堅職員として、自分らしく自分なりに働けるように成長するためのポイントをご説明するものです。

その意味で「新人・若手育成」の手っ取り早いポイントを知りたいという方にとっては、余計なことがいろいろ書いてあるわかりにくい内容だったかもしれません。しかし、最後までお読みくださった皆さんには、「人育て」が自治体職員のキャリア（仕事と人生の道筋）を切り拓く大きな財産を手にする貴重な機会であることが、よくおわかりいただけたと思います。

自治体職員は「他者のために働く」職業。中堅として、そして、その先で管理職や専門家等としていきいきと自分らしく働いていくために大切なことが「人育て」には詰まっています。管理職の道を進むにせよ、専門家としての道を選ぶにせよ、最後には「人育て」が仕事の大きな部分を占めるようになるからです。

私も、まだその大切さがようやくわかりかけてきたというところですが、何より若手を始めとする「人育て」に向き合おうとする自治体職員の皆さんにお伝えしたいと思って、本著を書いた次第です。

最初は「デキる職員」を目指して業務能力を磨き、実績を出そうとする働き方で構いません。しかし、その先には市民のため、組織のため、地域のために本当に働けるか、それも自分らしさを活かしながらいきいきと、という段階が待っています。

そこからが自治体職員としての本番です。仕事が面白く、それが自分の人生全体に返ってくるという実感が持てるのはそこからです。大変ではありますが、それ以上に面白くなるのもここからです。

いまは「人生100年時代」。多くの人は80代まで働くようになるとされます。私たち自治体職員も、定年退職後も20年近く働くことになる訳ですが、市民のため、組織のため、地域のために培ってきた能力と経験は大きく役立ちます。何より、地域の中で働く中で磨いてきた能力や人脈は、より地域の中で深く生きることになる定年後こそ豊かな働き方・生き方をもたらしてくれるはずです。

「人育て」は、自治体職員としての私たちの仕事と人生を、そして、私たちが働く自治体の未来を大きく拓いてくれるものです。ぜひ、それに向き合って楽しんでいただけたらと思います。

本書は書きながら学び考え、学び考えながら書きと一進一退で非常に難産でした。だからこそ、思い入れの深い内容ですが、辛抱強く支えてくださった株式会社公職研の友岡一郎さん、大田昭一社長に深く感謝いたします。最後に、いつも支えてくれる妻の真理子と長男の遊馬に本書を捧げます。

2021年2月

東京都小金井市の自宅にて　堤　直規

著者紹介

堤　直規（つつみ　なおただ）

東京都小金井市企画財政部行政経営担当課長。キャリアコンサルタント（国家資格）。東京学芸大学教育学部卒業、同大学院社会教育学専攻修了。東京学芸大学教育実践総合センター（当時）の技術補佐員（教育工学）を経て、2001年に小金井市役所に入所。行政管理課情報システム係、保険年金課、企画政策課、納税課を経て、2016年4月から現職。東京都市町村職員研修所「政策提案」研修内部講師。著書に、『公務員1年目の教科書』『公務員の「異動」の教科書』『公務員の「出世」の作法』（以上、学陽書房）、『公務員ホンネの仕事術』（時事通信社）。

教える自分もグンと伸びる！ 公務員の新人・若手育成の心得　©　2021年

2021年（令和3年）4月9日　初版第1刷発行

定価はカバーに表示してあります。

著　者　堤　直規
発行者　大田昭一
発行所　公職研
〒101-0051
東京都千代田区神田神保町2丁目20番地
TEL　03-3230-3701（代表）
03-3230-3703（編集）
FAX　03-3230-1170
振替東京　6-154568

ISBN978-4-87526-407-1 C3031　https://www.koshokuken.co.jp

落丁・乱丁は取り替え致します。 PRINTED IN JAPAN

カバーデザイン：デザインオフィスあるる館
印刷：モリモト印刷